法律专家为民说法系列丛书

# 法律专家
## 教您建筑工程与房地产法律事务

陈定好　郭雪礼　张　炜 编著

吉林文史出版社

**图书在版编目（CIP）数据**

法律专家教您建筑工程与房地产法律事务／陈定好，郭雪礼，张炜编著. — 长春：吉林文史出版社，2015.3（2018.1 重印）
（法律专家为民说法系列丛书／张宏伟，吴晓明主编）
ISBN 978-7-5472-2747-3

Ⅰ.①法…　Ⅱ.①陈…②郭…③张…　Ⅲ.①建筑法 – 案例 – 中国②房地产法 – 案例 – 中国 Ⅳ.①D922.297.5②D922.181.5

中国版本图书馆 CIP 数据核字〔2015〕第 043897 号

丛 书 名　法律专家为民说法系列丛书

书　　名　**法律专家教您建筑工程与房地产法律事务**

编　　著　陈定好　郭雪礼　张　炜
责任编辑　李相梅
责任校对　宋茜茜
封面设计　清　风
美术编辑　李丽薇
出版发行　吉林文史出版社
地　　址　长春市人民大街 4646 号　邮编：130021
网　　址　www.jlws.com.cn
印　　刷　北京一鑫印务有限责任公司
开　　本　720mm×1000mm　1/16
印　　张　12
字　　数　100 千
版　　次　2018 年 1 月第 2 次印刷
书　　号　ISBN 978-7-5472-2747-3
定　　价　29.80 元

# 法律专家为民说法系列丛书

## 编委会

**主　编：**

张宏伟　　吴晓明

**副主编：**

马宏霞　　孙志彤

**编　委：**

PREFACE

# 【前言】

　　在过去的 10 年，随着中国城镇化进程不断向前推进，房地产行业及相关产业出现了井喷式发展。李克强总理在新一届政府工作报告中提出"推进以人为核心的新型城镇化"：促进约 1 亿农业转移人口落户城镇，改造约 1 亿人居住的城镇棚户区和城中村，引导约 1 亿人在中西部地区就近城镇化。我们有充分的理由相信：未来 10 年，将是中国转型发展具有历史性意义的关键时期。而中国只有让房地产业健康持续的发展，才能顺利实现上述政府工作目标。我们更有理由相信：在新型城镇化进程中，建筑与房地产市场仍将是一个非常巨大的市场。

　　在过去的发展过程中，由于我国建筑与房地产市场各方主体的法律意识比较淡薄，诚信意识缺失，以及政府监管部门监督及管理不到位、立法滞后等多方面原因，我国建筑与房地产市场出现了很多新问题，建筑与房地产市场领域的法律纠纷与日俱增，成为困扰建筑施工企业与房地产开发企业的一大难题。同时,老百姓在商品房买卖过程中也遇到了很多纠纷,甚至出现"房、财两空"的巨大法律风险。

　　为了规范建筑与房地产市场各种参与主体的行为,督促合同当事人依法诚信履约,构建和谐建筑房地产市场,建设部、国家工商行政管理局联合印发了《商品房买卖合同示范文本》、《建设工程施工合同(示范文本)》,以求从源头上控制和管理各类合同履约风险,规范合同管理。但是,由于建设与房地产工程涉及的专业领域较多,合同履行周期较长,在合同履行过程中由于主、客观情况变化也会出现变更合同或者部分解除合同的情形等,加上建筑房地产市场从业人员对相关法律及合同文本理解不深刻,实践中仍将面临很多棘手的问题亟须理清思路。

　　为了帮助建筑与房地产领域从业人员在签订和履行合同过程中,能够识别和防范常见法律风险,笔者把在律师业务实践中经常遇到的法律纠纷类型进行整理,并以案例问答的形式整理成册,以供广大读者参考。

　　在本书编写的过程中,得到多方的支持和帮助,我们在此深表谢意。由于作者水平有限,书中难免出现遗漏、疏忽和不足之处,希望广大读者和业界同仁提出批评和指正意见。

# 目录

## CONTENTS

## 1.鉴定机构分别按照定额价和市场价对工程价款作出不同鉴定意见的,如何确定工程价款?

**案例:**

2003 年 11 月 1 日,合发公司承揽了永成公司的 30 万吨棒材轧钢厂厂房与翼缘板轧制厂厂房项目,按合同约定,工程类别为钢结构,工程地点在谢家屯,工程名称是永成钢铁轧钢车间,工程性质是工业用,包工总价是 1588 万元,发包单位是永成公司,工程量及简要内容是柱基开挖、浇筑混凝土、钢结构厂房的制作、安装(含行车梁的制作安装),开工日期是 2003 年 11 月 2 日,验收日期是 2004 年 5 月 28 日。发包、监理、承包和设计单位验收意见是验收达到合格标准。该工程交付永成公司使用近两年,永成公司尚欠合发公司工程款 455 万余元未付。双方为此发生纠纷,合发公司诉至法院要求永成公司支付工程款。在诉讼期间,永成公司、合发公司提供了相同的委托代理人签订的、签署时间均为同一天、工程价款各不相同的三份合同。由于三份合同约定的工程价款差额巨大,计价方式不同,而且无法辨别真伪,为此,法院委托工程造价鉴定机构对合发公司承建的钢结构厂房工程价款进行鉴定。鉴定机构在法院要求下,分别按照定额价和市场价对工程价款作出鉴定。请问:鉴定机构分别按照定额价和市场价对工程价款作出不同鉴定意见的,如何确定工程价款?

**专家解析:**

本案双方当事人针对同一工程提供的三份合同,约定的工程价款差额巨大，但合同记载的签订时间却是同一日期，由相同的委托代理人签订的，依据合同不能确认合同当事人对合同价款约定的真实意思表示。一审法院为解决双方当事人的讼争，通过委托鉴定的方式，依据鉴定机构出具的鉴定结论对双方当事人争议的工程价款作出司法认定，并无不当。本案应当以市场价进行鉴定的结论作为定案依据，而不应以定额价作为工程价款结算依据。其理由如下：

首先，建设工程定额标准是各地建设主管部门根据本地建筑市场建筑成本的平均值确定的，是完成一定计量单位产品的人工、材料、机械和资金消费的规定额度，是政府指导价范畴，属于任意性规范而非强制性规范。在当事人之间没有作出以定额价作为工程价款的约定时，一般不宜以定额价确定工程价款。

其次，以定额为基础确定工程造价没有考虑企业的技术专长、劳动生产力水平、材料采购渠道和管理能力，这种计价模式不能反映企业的施工、技术和管理水平。

再次，定额标准往往跟不上市场价格的变化，而建设行政主管部门发布的市场价格信息，更贴近市场价格，更接近建筑工程的实际造价成本。此外，本案所涉钢结构工程与传统建筑工程相比属于较新型建设工程，工程定额与传统建筑工程定额相比还不够完备，按照钢结构工程造价鉴定的惯例，以市场价鉴定的结论更接近造价成本，更有利于保护当事人的利益。

最后，根据《中华人民共和国合同法》第六十二条第（二）项规定，当事人就合同价款或者报酬约定不明确，依照《合同法》第六十一条的规定仍不能确定的，按照订立合同时履行地的市场价格履行；依法应当执行政府定价或者政府指导价的，按照规定履行。本案所涉工程不属于政府定价,因此,以市场价作为合同履行的依据不仅更符合法律规定,而且对双方当事人更公平。

**专家支招:**

　　鉴定机构分别按照定额价和市场价作出鉴定结论的,在确定工程价款时,一般应以市场价确定工程价款。这是因为,以定额为基础确定工程造价大多未能反映企业的施工、技术和管理水平,定额标准往往跟不上市场价格的变化,而建设行政主管部门发布的市场价格信息,更贴近市场价格,更接近建筑工程的实际造价成本,且符合《合同法》的有关规定,对双方当事人更公平。

## 2.冒用其他企业资质签订的建设工程施工合同有效吗?

**案例:**

　　合发公司注册资金327万元,主项资质等级是钢结构工程叁级,承包范围是可承担单项合同额不超过企业注册资金5倍且跨度24米及以下、总重量600吨及以下、单体建筑面积6000平方米及以下的钢结构工程。2003年11月张某冒充某集团公司工作人员,提供了某集团公司的相关资质材料及某集团公司第五工程公司的印鉴及其他材料,并以该公司的名义承包了永成公司的钢结构工程(合发公司本身不具备相应资质等级),并由合发公司实际施工,2004年合发公司完成施工任务并经验收合格。在施工过程中,合发公司工作人员一直使用张某提供的"某集团公司第五工程公司"虚假公章与永成公司及关联单位联系业务。后经合发公司到某集团公司落实，发现并无"某集团公司第五工程公司"，某集团公司也无张某等工作人员。请问：冒用其他企业资质签订的建设工程施工合同有效吗？

**专家解析：**

本案中，合发公司工作人员假冒某集团公司第五工程公司的企业名称和施工资质承包涉案工程，其行为已经构成欺诈，且违反了建筑法以及相关行政法规关于建筑施工企业应当取得相应等级资质证书后，在其资质等级许可的范围内从事建筑活动的强制性规定。依照《中华人民共和国合同法》第五十二条第（五）项、最高人民法院《关于审理建设工程施工合同纠纷案件适用法律问题的解释》第一条之规定，应当认定合发公司假冒某集团公司第五工程公司的企业名称和施工资质与永成公司签订的建设工程施工合同无效。但由于合发公司按质量要求完成了钢结构厂房工程，工程质量验收合格，永成公司也已经接收厂房并已投入使用，所以，合发公司有权以实际施工人的身份向永成公司主张工程款。

**专家支招：**

建设工程施工合同，是承包人进行工程建设，发包人接受工作成果并支付价款的合同。由于建设工程不仅具有不可移动性，而且要长期存在和发挥作用，事关国计民生，国家要实行严格的监督管理，因而不同于其他承揽工作的完成。多年来，为加强对建设市场的管理，国家制定了一系列法律法规和政策规定，来规范市场行为，但这远远满足不了建设市场发展的需要。建设工程项目往往标的大、成本高、利润厚，在实践中,建设、施工等单位,为降低成本,许多做法与法律、法规的要求相冲突,造成合同被确认无效的情形也就自然大量存在。导致建设工程施工合同无效的情形很多,目前常见的主要有以下几种:

1.不具有主体资格的企业或个人订立的建设工程合同。

从事建筑活动,建筑施工企业、勘察单位、设计单位和工程监理单位,必须持有相应的营业执照、资质证书等,即必须具备从事建筑活动的主体资格。国家对从事建设经营活动的企业的资质、等级有着严格的要求。《建筑法》第十三条规定,从事建筑活动的建筑施工企业、勘察单位、设计单位和工程监理单位,应当取得资质证书,在资质等级许可的范围内从事建筑活动。同时,国务院《建设工程质量管理条例》第七条也规定:建设单位应当将工程发包给具有相应资质等级的单位。所以,从事建设经营活动的企业必须在其资质等级许可的范围内从事建筑活动,超越资质等级属于资质上存有瑕疵,因而超越资质签订的建设工程施工合同,也会被认定为无效。

2.违反有关招标投标规定订立的建设工程合同。

这里又有以下几种情况:一是不招标。建设单位对应当进行招标的工程不进行招投标,直接将工程发包给施工单位;二是肢解招标;三是虚假招标;四是恶意招投标。

3.违反有关转包、分负规定订立的建设工程合同。

转包是指承包人在承包工程后,又将其承包的工程建设任务部分或全部转让给第三人的行为。工程非法转包,容易使建设工程流入不具有相应资质的承包者而造成工程质量低下,损害发包人的合法权益,甚至给公共安全带来隐患,也容易造成建设市场混乱,属法律、行政法规明令禁止的行为。《建筑法》第二十八条规定:"禁止承包单位将其承包的全部建筑工程转包给他人，禁止承包单位将其承包的全部建筑工程肢解以后以分包的名义转包给他人"。国务院《建设工程质量管理条例》第二十五条也规定施工单位不得转包或违法分包工程。

4. 没有按国家规定的程序和国家批准的投资计划订立的建设工程合同。

5.发包人与承包人签订的"三无"建设工程合同。所谓"三无"建设工程合同是指发包人与承包人签订的建设工程合同的标的即建设工程,没有取得土地使用权证、没有取得建筑工程规划许可证、没有办理报建手续。

## 3.建设工程必须进行招标而未按规定进行招标的，建设工程施工合同是否有效？

**案例：**

承包人甲公司与发包人乙公司于2013年9月1日签订《ＸＸ小区商品房建设工程施工合同》。工程内容为:xx小区1#至9#工程施工总承包;工程承包范围:结构工程、装修工程、机电安装、消防工程等;承包方式:按建筑面积平方米含税单价包干,除设计变更按合同中的约定的调整方式进行调整外,其余一律不作调整;双方在合同中对施工工期、工程价款等合同实质性内容均进行了明确约定,同时约定:本工程招标手续及政府要求招投标相关手续由承包人自行办理并支付相应费用。该合同签订后,承包人按照当地政府要求从形式上履行了招投标手续,但并未开展实质性招投标工作,开标、评标及中标后所签订的《建设工程施工合同》内容等一切均与双方实际施工过程中履行的合同内容不同。后双方发生纠纷诉至法院。请问：建设工程必须进行招标而未按规定进行招标的，建设工程施工合同是否有效？

**专家解析：**

根据《中华人民共和国招投标法》第三条及《工程建设项目招标范围和规模标准规定》第三条第五项的规定"商品住宅,包括经济适用住房。属于《中华人民共和国招投标法》中关系社会公共利益、公众安全的公用事业项目的范围,属于必须进行招投标的项目。另外,根据《最高人民法院关于审理建设工程施工合同纠纷案件适用法律问题的解释》第一条第三项的规定即建设工程必须进行招标而未招标,所签订的建设工程合同无效。本案所涉商品住宅工程系依法必须招标工程,但双方早在招投标之前就对合同实质性内容进行谈判,签订建设工程施工合同,违反了《最高人民法院关于审理建设工程施工合同纠纷案件适用法律问题的解释》第一条第三项的规定而无效。

**专家支招：**

由于很多工程建设项目关系国计民生和人民群众切身利益,必须由政府对这类工程建设项目进行有效监督和管理。《中华人民共和国招投标法》及《工程建设项目招标范围和规模标准规定》对必须进行招标的工程建设项目进行了明确的规定,下面进行详细介绍,以供广大读者参考：

一、必须进行招标的工程建设项目的范围

1.《招标投标法》规定的必须进行招标的工程建设项目。

必须进行招标的工程建设项目又称强制招标项目。《招标投标法》

第三条规定:"在中华人民共和国境内进行下列工程建设项目包括项目的勘察、设计、施工、监理以及与工程建设有关的重要设备、材料等的采购,必须进行招标:

(一)大型基础设施、公用事业等关系社会公共利益、公众安全的项目;

(二)全部或者部分使用国有资金投资或者国家融资的项目;

(三)使用国际组织或者外国政府贷款、援助资金的项目。

前款所列项目的具体范围和规模标准,由国务院发展计划部门会同国务院有关部门制订,报国务院批准。法律或者国务院对必须进行招标的其他项目的范围有规定的,依照其规定。"

就上述必须进行招标的工程建设项目,主要是从工程项目的性质和项目资金的来源进行区分。需注意的是,此处法定的"工程建设项目"不仅仅只包括"建设工程"。按照《建设工程质量管理条例》,"建设工程是指土木工程、建筑工程、线路管道和设备安装工程及装修工程"。而《招标投标法》中的"工程建设项目"应当做更宽泛的理解,除包括上述"建设工程"外,还应包括石油、天然气等能源项目,垃圾处理、生态环境保护等环保项目等。

2.《工程建设项目招标范围和规模标准规定》规定的必须进行招标的工程建设项目。

《招标投标法》对必须进行招标的工程建设项目仅是原则性规定。根据上述《招标投标法》第三条第二款的规定,必须进行招标的工程建设项目的具体范围和规模标准,由国务院发展计划部门会同国务院有关部门制订,报国务院批准。国家发展计划委员会于2005年5月1日发布实施的《工程建设项目招标范围和规模标准规定》即是依据上述

《招标投标法》作出的具体规定。

（1）《招标投标法》第三条"关系社会公共利益、公众安全的基础设施项目"的具体范围。

根据《工程建设项目招标范围和规模标准规定》第二条的规定，《招标投标法》第三条"关系社会公共利益、公众安全的基础设施项目"的具体范围包括：

（一）煤炭、石油、天然气、电力、新能源等能源项目；

（二）铁路、公路、管道、水运、航空以及其他交通运输业等交通运输项目；

（三）邮政、电信枢纽、通信、信息网络等邮电通讯项目；

（四）防洪、灌溉、排涝、引（供）水、滩涂治理、水土保持、水利枢纽等水利项目；

（五）道路、桥梁、地铁和轻轨交通、污水排放及处理、垃圾处理、地下管道、公共停车场等城市设施项目；

（六）生态环境保护项目；

（七）其他基础设施项目。

（2）《招标投标法》第三条"关系社会公共利益、公众安全的公用事业项目"的具体范围。

根据《工程建设项目招标范围和规模标准规定》第三条的规定，《招标投标法》第三条"关系社会公共利益、公众安全的公用事业项目"的具体范围包括：

（一）供水、供电、供气、供热等市政工程项目；

（二）科技、教育、文化等项目；

（三）体育、旅游等项目；

（四）卫生、社会福利等项目；

（五）商品住宅，包括经济适用住房；

（六）其他公用事业项目。

此处需注意的是，包括经济适用住房的商品住宅项目属于强制招标项目范围。

（3）《招标投标法》第三条"使用国有资金投资项目"的具体范围。

根据《工程建设项目招标范围和规模标准规定》第四条的规定，《招标投标法》第三条"使用国有资金投资项目"的具体范围包括：

（一）使用各级财政预算资金的项目；

（二）使用纳入财政管理的各种政府性专项建设基金的项目；

（三）使用国有企业事业单位自有资金，并且国有资产投资者实际拥有控制权的项目。

（4）《招标投标法》第三条"国家融资项目"的具体范围。

根据《工程建设项目招标范围和规模标准规定》第五条的规定，《招标投标法》第三条"国家融资项目"的具体范围包括：

（一）使用国家发行债券所筹资金的项目；

（二）使用国家对外借款或者担保所筹资金的项目；

（三）使用国家政策性贷款的项目；

（四）国家授权投资主体融资的项目；

（五）国家特许的融资项目。

（5）《招标投标法》第三条"使用国际组织或者外国政府资金的项目"的具体范围。

根据《工程建设项目招标范围和规模标准规定》第六条的规定，《招标投标法》第三条"使用国际组织或者外国政府资金的项目"的具体范围包括：

（一）使用世界银行、亚洲开发银行等国际组织贷款资金的项目；

（二）使用外国政府及其机构贷款资金的项目；

（三）使用国际组织或者外国政府援助资金的项目。

二、必须进行招标的工程建设项目的规模标准

必须进行招标的工程建设项目除需属于上述法定的项目范围外，还需要符合特定的规模标准。

《工程建设项目招标范围和规模标准规定》第七条规定了必须进行招标的工程建设项目的规模标准，即："本规定第二条至第六条规定范围内的各类工程建设项目,包括项目的勘察、设计、施工、监理以及与工程建设有关的重要设备、材料等的采购,达到下列标准之一的,必须进行招标：

（一）施工单项合同估算价的 200 万元人民币以上的；

（二）重要设备、材料等货物的采购,单项合同估算价在 100 万元人民币以上的；

（三）勘察、设计、监理等服务的采购,单项合同估算价在 50 万元人民币以上的；

（四）单项合同估算价低于第（一）、（二）、（三）项规定的标准,但项目总投资额在 3000 万元人民币以上的。"

根据上述规定，就符合必须招标工程建设项目范围的建设工程施工合同,如果单项合同估算价超过 200 万元,或者项目总投资额在 3000 万元以上的,则应当进行招标。但如果单项合同估算价不超过 200 万元,并且项目总投额在 3000 万元以下,则无需进行招标。

目前，国务院法制办公室决定，将发展改革委报请国务院审议的

《工程建设项目招标范围和规模标准规定(修订)(送审稿)》及其说明全文公布,征求社会各界意见。送审稿对关系社会公共利益、公众安全的基础设施项目,关系社会公共利益、公众安全的公用事业项目,使用国有资金投资的项目,国家融资项目及使用国际组织或外国政府资金等5类项目的招标范围进行了调整,同时提高了工程建设项目的招标限额标准。

## 4.中标无效有哪些情形?

**案例:**

2006年12月,某市第一中学拟建一幢男生宿舍楼,某市建设工程招标投标办公室负责该宿舍楼工程招标工作。12月20日,A建筑装潢公司、B建筑安装工程总公司、C建筑工程公司均将投标书送至某市建设工程招标投标办公室封存,投标报价分别为288.8万元、276.8万元、277万元。B建筑安装工程总公司为C建筑工程公司编制了工程预算书。2007年6月2日,招标办公布宿舍楼工程标底价为2920977元,B建筑安装工程总公司得分最高而中标。A公司向法院提起诉讼,称B建筑安装工程总公司与C建筑工程公司串通压低报价,请求法院判决确认B建筑安装工程总公司中标无效。请问:本案中,B建筑安装工程总公司与C建筑工程公司的行为是否构成串通压低报价?其中标有效吗?中标无效有哪些情形?

**专家解析：**

本案中 B 建筑安装工程总公司为 C 建筑工程公司编制工程预算书的行为，属于串通投标行为。根据《反不正当竞争法》第十五条第一款规定"投标者不得串通投标抬高标价或压价标价"，因此，两被告的行为构成不正当竞争，中标应当认定为无效。

**专家支招：**

关于中标无效的几种情形，《招标投标法》进行了明确规定，下面分别作一介绍：

（一）招标代理机构泄露应当保密的与招标投标活动有关的情况和资料，或者与招标人、投标人串通损害国家利益、社会公共利益或者他人合法权益，并影响中标结果的，中标无效。

招标代理机构是招标人的代理人。根据《招标投标法》第十五条的规定，招标代理机构应当在招标人委托的范围内办理招标事宜，并遵守关于招标人的规定。

招标代理机构泄露有关信息，或者与招标人、投标人串通，显然违反了《招标投标法》确定的公开、公平、公正和诚实信用的原则，而且可能损害国家利益、社会公共利益或者他人合法权益。在上述行为影响到中标结果时，理应确认中标行为无效。对此，《招标投标法》第五十条进行了明确规定。

（二）依法必须进行招标的项目的招标人向他人透露已获取招标文件的潜在投标人的名称、数量或者可能影响公平竞争的有关招标投标的其他情况，或者泄露标底，并影响中标结果的，中标无效。

《招标投标法》第二十二条规定："招标人不得向他人透露已获取招

标文件的潜在投标人的名称、数量以及可能影响公平竞争的有关招投标的其他情况。"这是对招标人保密义务的要求。《招标投标法》第五十二条对招标人泄露招标投标有关情况的法律责任进行了明确规定。

（三）投标人相互串通投标或者与招标人串通投标的，投标人以向招标人或者评标委员会成员行贿的手段谋取中标的，中标无效。

《招标投标法》第五十三条对串通投标的行为，明确规定中标无效。针对实践中对于如何认定串通投标存有争议，《中华人民共和国招标投标法实施条例》对于串通投标的各种情形也作出了详细的列举性规定：

1.属于投标人相互串通投标的，有以下几种情形：

（1）投标人之间协商投标报价等投标文件的实质性内容；

（2）投标人之间约定中标人；

（3）投标人之间约定部分投标人放弃投标或者中标；

（4）属于同一集团、协会、商会等组织成员的投标人按照该组织要求协同投标；

（5）投标人之间为谋取中标或者排斥特定投标人而采取的其他联合行动。

2.有下列情形之一的，视为投标人相互串通投标：

（1）不同投标人的投标文件由同一单位或者个人编制；

（2）不同投标人委托同一单位或者个人办理投标事宜；

（3）不同投标人的投标文件载明的项目管理成员为同一人；

（4）不同投标人的投标文件异常一致或者投标报价呈规律性差异；

（5）不同投标人的投标文件相互混装；

（6）不同投标人的投标保证金从同一单位或者个人的账户转出。

3.属于招标人与投标人串通投标的，有以下几种情形：

（1）招标人在开标前开启投标文件并将有关信息泄露给其他投

标人；

（2）招标人直接或者间接向投标人泄露标底、评标委员会成员等信息；

（3）招标人明示或者暗示投标人压低或者抬高投标报价；

（4）招标人授意投标人撤换、修改投标文件；

（5）招标人明示或者暗示投标人为特定投标人中标提供方便；

（6）招标人与投标人为谋求特定投标人中标而采取的其他串通行为。

（四）投标人以他人名义投标或者以其他方式弄虚作假、骗取中标的，中标无效。

工程建设项目实施招投标的目的之一是为了保证建设项目能够由最有能力和最符合资质的单位进行，并实现尽可能高的经济效益。投标人以他人名义投标，以及弄虚作假、骗取中标，显然与招投标立法的本意相互冲突，应否认其中标的效力。对此，《招标投标法》第五十四条进行了明确规定。

所谓以他人名义投标，是指使用通过受让或者租借等方式获取的资格、资质证书投标。

关于弄虚作假行为，是指以下行为：

（1）使用伪造、变造的许可证件；

（2）提供虚假的财务状况或者业绩；

（3）提供虚假的项目负责人或者主要技术人员简历、劳动关系证明；

（4）提供虚假的信用状况；

（5）其他弄虚作假的行为。

（五）依法必须进行招标的项目，招标人与投标人就投标价格、投标方案等实质性内容进行谈判,影响中标结果的,中标无效。

《招标投标法》第四十三条规定:"在确定中标人前,招标人不得与投标人就投标价格、投标方案等实质性内容进行谈判。"但实践中,这种现象较为常见。就此,《招标投标法》第五十五条规定,强制招标项目的招标人违反该项规定,并影响中标结果的,中标无效。

(六)招标人在评标委员会依法推荐的中标候选人以外确定中标人的,依法必须进行招标的项目在所有投标被评标委员会否决后自行确定中标人的,中标无效。

《招标投标法》关于如何确定中标人,创设了评标委员会这一特定组织,并规定了中标人的实质条件。《招标投标法》第四十条第二款明确规定:"招标人根据评标委员会提出的书面评标报告和推荐的中标候选人确定中标人。"

如果允许中标人违反上述程序性的规定擅自决定中标人,将导致上述程序设置失去意义,进而使整个招投标制度形同虚设。故《招标投标法》五十七条明确规定了此种情形下中标无效,即招标人违反《招标投标法》规定的程序确定中标人,将导致中标无效。

## 5.一方当事人出具的让利承诺书,与双方依据招投标文件签订的《建设工程施工合同》明显不一致,该让利承诺书是否有效?

**案例:**

2009年6月1日,甲公司通过公开招投标中标奥林花园一期工程,随即依据招投标文件与乙公司订立《建设工程施工合同》，约定：乙公司将奥林花园一期工程交给甲公司施工，合同价款 6500 万元，合同价款可调整，调整方法为施工图纸变更、签证，根据定额工程量按实计算，材料价格按约定方式计算。同时，双方还签订一份《房屋建设工程质量保修书》，约定：质保金为工程总价的 3%，保修期满后 15 日内无息返还；属于保修范围、内容的项目，承包人应当在接到保修通知之日起 7 日内派人保修；承包人不在约定期限内派人保修的，发包人可以委托他人修理。2009 年 7 月 1 日，甲公司向乙公司出具一份《让利承诺书》，承诺对奥林花园工程予以让利，具体内容为：奥林花园一期 1 号楼、2 号楼按工程决算总额让利 20%；3 号楼、4 号楼、5 号楼及地下车库附属工程让利 20%。2010 年 11 月 15 日，奥林花园一期工程经竣工验收合格，但双方因工程款纠纷诉至法院。请问：一方当事人出具的让利承诺书，与双方依据招投标文件签订的《建设工程施工合同》明显不一致，该让利承诺书是否有效？

**专家解析：**

本案的焦点问题是甲公司于 2009 年 7 月 1 日向乙公司出具的《让利承诺书》应否作为确定工程价款的依据。《招标投标法》第四十六条规定：招标人和中标人应当自中标通知书发出之日起三十日内，按照招标文件和中标人的投标文件订立书面合同。招标人和中标人不得再行订立背离合同实质性内容的其他协议。最高人民法院《关于审理建设施工合同纠纷案件适用法律问题的解释》（以下简称《司法解释》）第二十一条之规定：当事人就同一建设工程另行订立的建设工程施工合同与经过备案的中标合同实质性内容不一致的，应当以备案的中标合同作为结算工程价款的根据。

建设工程"黑白合同"又称"阴阳合同",它是指建设工程施工合同的当事人就同一建设工程签订的两份或两份以上实质性内容相异的合同。通常把经过招投标并经备案的正式合同称为"白合同",把实际履行的协议或补充协议称为"黑合同"。《司法解释》第二十一条将"黑合同"表述为另行订立的建设工程施工合同,在实践中大部分"黑合同"一般都以协议、补充协议、会议纪要、备忘录、让利承诺书的形式表现出来。但是不管黑合同的形式如何,只要双方形成合意,对"白合同"的工程价款、工程质量、工程期限或违约责任一方面进行了实质性变更,就构成与备案的中标合同"实质性内容不一致",法院不认可其效力,应以备案的中标合同为结算工程价款的依据。

本案中,2009年6月1日,乙公司与甲公司依据招投标文件签订的《建设工程施工合同》,是当事人按照招标文件和中标人的投标文件订立的合同,是"白合同",其后承包人单方出具的让利承诺书承诺让利20%,发包人予以接受,双方形成合意从而构成对建设工程价款的实质变更,如果照此履行,明显与《建设工程施工合同》的实际内容相背离。因此,根据上述规定,该承诺书不产生变更《建设工程施工合同》的效力,双方仍应当以备案的中标合同作为结算工程价款的根据。

**专家支招:**

《招标投标法》第五条规定:"招标投标活动应当遵循公开、公平、公正和诚实信用的原则。"《建筑法》第十六条规定:"建筑工程发包与承包的招标投标活动,应当遵循公开、公正、平等竞争的原则,择优选择承包单位。"我国《民法通则》规定民事活动必须遵循平等原则、自愿原则、公平原则和诚实信用原则。从以上规定不难看出,建筑工程招投标的基本原则是公开、公平与公正。就工程招投标而言,"公开"即将招投标事宜公之于众,以期望在社会大众的知晓和监督下积极实施;"公平"则指工程招投标各方在招投标活动中所享有的权利和所承担的义务应彼此对等或均衡;"公正"则要求招标者对所有的投标者一视同仁、不能偏私,建筑行政监管主体对招投标双方实施平等的监督,不能厚此薄彼,尤其不能偏护一方。显然,如果允许中标人在中标合同之外,对中标工程予以大幅让利,实际上侵害了其他投标主体平等参与竞争的权利,构成对招投标活动的基本原则的违反,因此,法院不应认可其效力。

## 6.工程质量保修期限和保修金返还期限有何不同?

**案例:**

甲建筑安装工程公司承建的办公楼于 2009 年竣工验收合格,质量保修金按总工程价款的 5% 预留。两年后,甲公司向业主单位提出返还质量保修金的请求,而业主方却以工程质量保修期限未满为由不同意返还。甲公司想问:工程质量保修期限和保修金返还期限有何不同? 什么情况下甲方有权要求返还质量保修金?

**专家解析:**

工程质量保修期限和工程质量保修金返还期限在定义、范围和适用上存在着根本的不同,在工程项目管理与司法实践中,经常出现相关

人员对这两个概念的混淆,进而在适用上产生偏差,引发相关的工程合同纠纷。下面详细介绍一下有关两者的概念和法律规定:

一、工程质量保修期限

《中华人民共和国建筑法》第六十二条规定:建筑工程实行质量保修制度。……保修的期限应当按照保证建筑物合理寿命年限内正常使用,维护使用者合法权益的原则确定。具体的保修范围和最低保修期限由国务院规定。

《建设工程质量管理条例》第四十条规定:在正常使用条件下,建设工程的最低保修期限为:

(一)基础设施工程、房屋建筑的地基基础工程和主体结构工程,为设计文件规定的该工程的合理使用年限;

(二)屋面防水工程、有防水要求的卫生间、房间和外墙面的防渗漏,为5年;

(三)供热与供冷系统,为2个采暖期、供冷期;

(四)电气管线、给排水管道、设备安装和装修工程,为2年。

其他项目的保修期限由发包方与承包方约定。

建设工程的保修期,自竣工验收合格之日起计算。

对于上述前四项的最低工程保修期限,发包方和承包方必须严格执行。如双方另有保修合同,其合同中保修期限可以长于所规定的最低保修期限,但不应低于本条所列的最低年限,否则视作无效。

前述四项外的其他工程项目的保修期限由发包方和承包方约定。(1)这类项目要不要保修,要在合同中约定;(2)保修期限由双方约定,但必须有书面形式;(3)约定中:保修期限不得违反《中华人民共和国建筑法》要保证建筑物的合理寿命年限内正常使用和维护使用者的原则;

（4）约定要符合有关法律的要求。

二、工程质量保修金返还期限

根据《建设工程质量保证金管理暂行办法》规定：建设工程质量保证金（保修金）（以下简称保证金）是指发包人与承包人在建设工程承包合同中约定，从应付的工程款中预留，用以保证承包人在缺陷责任期内对建设工程出现的缺陷进行维修的资金。关于工程质量保修金返还期限，相关法律和行政法规并没有严格的强制性规定，而《建设工程质量保证金管理暂行办法》规定：缺陷责任期一般为六个月、十二个月或二十四个月，具体可由发、承包双方在合同中约定。缺陷责任期内，承包人认真履行合同约定的责任，到期后，承包人向发包人申请返还保证金。

综上所述，在项目管理与司法实践中，对于工程质量保修期，合同当事人必须严格依据相关法律法规进行合同约定，如少于法定的最低保修期限，将导致相关合同条款无效；对于工程质量保修金返还期限，则一般充分尊重发包方和承包方之间的合意，基本通过合同约定来进行设定，通常为工程竣工验收合格之日起十二个月或二十四个月。

## 7.如何认定建设工程施工合同中的实际施工人身份？

案例：

王某为了承揽某商品房建设工程，借用甲建筑安装工程有限公司资质与业主单位签订了建设工程施工合同，但是在实际履行过程中，甲建筑安装工程有限公司既未提供资金和技术支持，亦未有工作人员参与项目现场管理。现双方因工程质量问题发生争议,应当由哪一方承担责任?

**专家解析:**

《最高人民法院关于审理建设工程施工合同纠纷案件适用法律问题的解释》第二十五条规定:因建设工程质量发生争议的,发包人可以以总承包人、分包人和实际施工人为共同被告提起诉讼。此处,首次出现了"实际施工人"的概念。本案中,王某不具备相应的资质,而借用甲建筑安装工程有限公司的资质,实际上就是挂靠,王某应当认定为实际施工人,其应当与被挂靠单位即承包单位共同承担工程质量责任。

专家支招:

所谓实际施工人,是指无效建设工程施工合同的承包人,如转承包人、违法分包合同的承包人、没有资质借用有资质的建筑施工企业的名义与他人签订建设工程施工合同的承包人。根据这一定义,实际施工人应包括以下几类:

一、非法转包的实际施工人

《中华人民共和国建筑法》第二十八条:禁止承包单位将其承包的全部建筑工程转包给他人,禁止承包单位将其承包的全部建筑工程肢解以后以分包的名义分别转包给他人。

依据建筑法的规定,非法转包包括两种行为:即承包单位将其承包的全部建筑工程转包给他人,和承包单位将其承包的全部建筑工程肢解以后以分包的名义分别转包给他人。其中的"他人",即实际施工人。

二、违法分包的实际施工人

《建设工程质量管理条例》第七十八条第二款:本条例所称违法分

包,是指下列行为:(一)总承包单位将建设工程分包给不具备相应资质条件的单位的;(二)建设工程总承包合同中未有约定,又未经建设单位认可,承包单位将其承包的部分建设工程交由其他单位完成的;(三)施工总承包单位将建设工程主体结构的施工分包给其他单位的;(四)分包单位将其承包的建设工程再分包的。

上述条款中的被分包单位和再分包单位为实际施工人。

三、借用资质的实际施工人

《中华人民共和国建筑法》第二十六条规定:承包建筑工程的单位应当持有依法取得的资质证书,并在其资质等级许可的业务范围内承揽工程。

禁止建筑施工企业超越本企业资质等级许可的业务范围或者以任何形式用其他建筑施工企业的名义承揽工程。禁止建筑施工企业以任何形式允许其他单位或者个人使用本企业的资质证书、营业执照,以本企业的名义承揽工程。

借用资质的实际施工人包括两类:没有资质的施工人借用有资质的建筑企业的施工资质;资质低的施工人借用资质高的建筑企业的施工资质。

## 8.如何认定建设工程竣工验收时间?

**案例:**

2005 年 8 月 9 日,甲公司与乙公司签订《建设工程施工合同》,约定由甲公司承建乙公司的二期印染车间的土建、水电工程,合价款600万元(固定价)。合同价款与支付:合同价款采用固定价格及发包方图纸修改或变更增加内容可调整按实际结算下浮15%方式确定。工程款(进度款)支付方式和时间为:基础完成验收合格付合同价15%,主体一半付合同价的15%,主体结束付合同价的10%,工程验收合格付合同价的20%,余款在审计当日起半年内付清(保留5%保修金)。同年8月26日开工。2005年12月28日,乙公司与甲公司签订《补充协议》,双方对工期再次进行了协商。该协议第七条约定:1.20-34轴必须在2006年3月10日前结束,并具备验收和安装设备的条件;2.1-19轴必须在2006年3月28日前结束,并通过整体竣工验收(其中包括钢结构部分);3.考虑到外墙喷砂的质量、喷砂可在2006年4月28日前结束并通过验收。第八条约定:以上任何一个分期分段工程到期不能交付,合同规定的保证金不退外,另每拖延一天按合同造价的千分之一点五罚款,甲公司同意此款从工程款中扣除。2006年8月2日,甲公司、乙公司及监理单位、设计单位签署竣工验收证明书。2011年9月29日,甲公司诉至法院,请求判令乙公司立即给付所欠工程款1366990元及逾期付款的利息,并负担诉讼费用。乙公司遂提起反诉,请求判令甲公司支付工程延期违约金900000元,并负担诉讼费用。双方争议的焦点是甲公司、乙公司及监理单位、设计单位2006年8月2日共同签署的竣工验收证明书能否作为认定竣工验收时间的有效证据。甲公司认为乙公司2006年8月2日办理竣工验收证明书是为了能尽早办理房屋产权证,并据此向相关金融机构贷款,而实际上该工程当时并不具备竣工验收条件。请问:乙公司的这一抗辩理由能否成立?

**专**家解析：

建筑工程的竣工验收，系建设单位基于施工单位的竣工验收申请，组织设计、施工、监理等单位，根据建筑工程质量管理规范、竣工验收技术规范以及合同的约定，对建筑工程进行查验接受的行为。本案中，建设单位乙公司、施工单位甲公司、监理单位以及设计单位的工作人员共同参加了案涉工程的竣工验收，于 2006 年 8 月 2 日在竣工验收证明书上共同签署"施工技术资料基本齐全，主控项目、一般项目全部合格，满足施工质量验收规范要求"的验收意见，并加盖公司印章或签名予以确认。根据乙公司的诉讼主张，2006 年 8 月 2 日办理竣工验收证明书是为了能尽早办理房屋产权证，并据此向相关金融机构贷款，可见乙公司因其自身利益而组织案涉工程的竣工验收，产生的法律后果理应由乙公司自行承担。因此，对案涉工程竣工验收时间应当以竣工验收证明书记载的时间为准。

**专**家支招：

竣工验收指建设工程项目竣工后开发建设单位会同设计、施工、设备供应单位及工程质量监督部门，对该项目是否符合规划设计要求以及建筑施工和设备安装质量进行全面检验，取得竣工合格资料、数据和凭证。交付竣工验收的建设工程，应当符合以下条件：

1.完成建设工程设计和合同约定的各项内容。

建设工程设计和合同约定的内容，主要是指设计文件所确定的、在承包合同"承包人承揽工程项目一览表"中载明的工作范围，也包括监理工程师签发的变更通知单中所确定的工作内容。

2.有完整的技术档案和施工管理资料。

工程技术档案和施工管理资料是工程竣工验收和质量保证的重要依据之一,主要包括以下档案和资料:

(1)工程项目竣工报告;

(2)分项、分部工程和单位工程技术人员名单;

(3)图纸会审和设计交底记录;

(4)设计变更通知单,技术变更核实单;

(5)工程质量事故发生后调查和处理资料;

(6)隐蔽验收记录及施工日志;

(7)竣工图;

(8)质量检验评定资料等;

(9)合同约定的其他资料。

3.有材料、设备、构配件的质量合格证明资料和试验、检验报告。

对建设工程使用的主要建筑材料、建筑构配件和设备的进场,除具有质量合格证明资料外,还应当有试验、检验报告。试验、检验报告中应当注明其规格、型号、用于工程的哪些部位、批量批次、性能等技术指标,其质量要求必须符合国家规定的标准。

4.有勘察、设计、施工、工程监理等单位分别签署的质量合格文件。

勘察、设计、施工、工程监理等有关单位依据工程设计文件及承包合同所要求的质量标准,对竣工工程进行检查和评定,符合规定的,签署合格文件。竣工验收所依据的国家强制性标准有土建工程、安装工程、人防工程、管道工程、桥梁工程、电气工程及铁路建筑安装工程验收标准等。

5.有施工单位签署的工程质量保修书。

施工单位同建设单位签署的工程质量保修书也是交付竣工验收的

条件之一。

工程质量保修是指建设工程在办理交工验收手续后，在规定的保修期限内，因勘察、设计、施工、材料等原因造成的质量缺陷，由施工单位负责维修，由责任方承担维修费用并赔偿损失。施工单位与建设单位应在竣工验收前签署工程质量保修书，保修书是施工合同的附合同。工程保修书的内容包括：保修项目内容及范围；保修期；保修责任和保修金支付方法等。

根据以上规定，一旦验收各方参与验收并出具竣工验收证明，则视为建筑工程符合竣工验收条件。其所签署的竣工验收证明书具有法定证明效力。实践中，如果因特殊原因，需要把按照施工图要求还没有完成的某些工程细目甩下，而对整个单位工程先进行甩项验收时，双方应另行订立甩项竣工协议，明确双方责任和工程价款的支付方法。

## 9.当事人对已经达成的工程结算协议反悔，要求鉴定重新确定工程款时应当如何处理？

**案例：**

2003 年 7 月 20 日，甲公司与乙学校签订了建筑工程施工合同，其主要内容为，由甲公司承建乙学校电教馆工程，工程总造价暂定为 600 万元，最后以竣工结算为准。承包范围土建、水暖、电气等，开工日期为 2003 年 8 月 1 日，竣工日期为 2003 年 11 月 30 日，质量等级为优良。工程款支付按形象进度拨款，乙学校不按时付款应承担工期顺延的违约责任。甲公司实行工程总承包，乙学校在工程竣工后 15 日内结算，并支付完工程款,乙学校如不能支付完工工程款,按银行贷款利率支付利息。合同签订后,甲公司即按时开工,在施工过程中,因双方因素,造成工程多次停工,工期顺延,直到 2006 年 6 月 4 日竣工并验收合格,双方于 2007 年 4 月 1 日签订《电教馆工程结算单》,其主要内容为,电教馆工程总造价为 981 万元,付给甲公司工程款 635 万元,乙学校购材料费 193 万元,欠甲公司工程款 153 万元,并注明收尾工程及其他,验收后完工按工程规定办。甲方接收电教馆。甲公司的施工负责人陈某与乙学校的施工负责人张某在结算单上签字,但均未加盖公章。之后,乙学校又按该协议给付甲公司工程款 115 万元。2009 年 5 月甲公司认为该决算时没有考虑到材料价差,向法院起诉,请求判令被告立即给付原告按结算单尚欠的拖欠工程款 38 万元及材差款 46 万元并承担本案诉讼费。在诉讼过程中,甲公司申请法院委托鉴定机构对涉案工程造价进行鉴定。请问:这份工程结算单有效吗?当事人对已经达成的工程结算协议反悔,要求鉴定重新确定工程款时应当如何处理?

**专家解析:**

结算协议是建筑工程合同双方当事人就建筑工程造价问题达成的一个独立合同,在建设工程施工合同工程造价诉讼中,法院应尊重当事人的约定,在没有法定无效和可撤销情形时,应承认其效力,并依此确定工程造价。对此类问题,最高人民法院 2001 年 4 月 2 日,给河南省高级人民法院《关于建筑工程承包合同案件中双方当事人已确认的工程决算价款与审计部门审计的工程决算价款不一致时如何适用法律问题的电话答复意见》(2001 民—他字第 2 号)中明确指出:"审计是国家对建设单位的一种行政监督,不影响建设单位与承建单位的合同效力。建设工程承包合同案件应以当事人的约定作为法院判决的依据。只有在合同明确约定以审计结论作为结算依据或者合同约定不明、合同约定无效的情况下,才能将审计结论作为判决的依据。"本案中,2007 年甲公司的施工负责人陈某与乙学校的施工负责人张某签订《电教馆工程结算单》,是在经过专业人员审核的基础上签订的,虽然未加盖双方单位的印章,但陈某、张某均是双方该项工程的施工负责人,而且在整个施工过程中有关工程方面的确认事项也是由二人签字,且双方均按该结算单进行了履行,因此,我们认为这份工程结算单合法、有效,双方当事人均应当履行,甲公司要求重新鉴定工程价款的要求不应当得到支持。

**专家支招:**

建设工程竣工结算是一项政策性、专业性强,且又复杂、细致的民事法律行为。因它直接关系到建设单位与施工单位的具体经济利益,一般情况下,对于结算行为应有建设单位和施工单位的特别授权。如果当事人在合同中对结算的方法、程序、期限、效力等方面有约定的,应从其约定;没有约定或约定不明的,则应结合实际,认真审查双方结算行为的效力。如果双方当事人意思表示真实,达成了结算协议,并加盖双方单位的印章,或经法定代表人签字,法院应尊重双方的约定,承认其效力;对于未加盖双方单位的印章或经法定代表人签字的结算协议,则应看该结算行为人的结算行为是否属于职务行为,或者是否得到了单位的事后追认。《中华人民共和国民法通则》第六十六条规定"没有代理权、超越代理权或者代理权终止后的行为,只有经过被代理人的追认,被代理人才承担民事责任。未经追认的行为,由行为人承担民事责任。本人知道他人以本人名义实施民事行为而不作否认表示的,视为同意。"

## 10.实际施工人与工程发包人之间没有合同关系,实际施工人能否起诉发包人在欠付工程款范围内承担付款责任?

**案例:**

2002 年 12 月 13 日,大杨公司就"综合办公楼"的建设与建工集团签订《施工合同》后,建工集团随即与林某签订《内部承包合同》,将《施工合同》约定建工集团应当履行的义务转给林某。林某作为职业经理人,全面履行了其与建工集团签订《内部承包合同》约定的开工前费用、施工人员工资、购买租赁设备、垫资、质量保修、交纳工程风险金劳保统筹及违约责任等各项义务。"综合办公楼"工程已经于 2003 年 10 月验收竣工并交付使用。由于大杨公司尚欠工程款 700 多万元,造成林某与农民工工资无法兑现,使其个人信誉及社会评价受到影响,故请求依法判令大杨公司支付上述工程欠款。

**专家解析:**

2006 年 10 月 26 日,最高人民法院公布了《关于审理建设工程施工合同纠纷案件适用法律问题的解释》(下面简称解释)。这是最高人民法院为了统一建设工程施工合同纠纷案件的执法标准,根据《民法通则》、《合同法》、《建筑法》和《招标投标法》等法律规定,做出的一部专门调整建设工程施工合同纠纷案件的司法解释。该解释第二十六条规定,"实际施工人以转包人、违法分包人为被告起诉的，人民法院应当依法受理。实际施工人以发包人为被告主张权利的人民法院可以追加转包人或者违法分包人为本案当事人。发包人只在欠付的工程价款范围内对实际施工人承担责任。"

虽然合同具有相对性，但是，从我国建筑业市场实际情况看，从事建筑工程施工的主体主要来源于农村，由于建筑业市场行为不规范和这一部分主体法律意识和法律知识的欠缺，实践中经常出现以下情况：一方面，承包人与发包人订立建设工程合同后，往往又将建设工程转包或者违法分包第三人，承包人转包收取一定数额的管理费后，不积极主动进行工程结算。另一方面，又因为实际施工人与发包人没有合同关系，实际施工人在为自己的民事权利行使诉权和主张请求权时，因为没有证据而得不到支持，这种情形直接影响了实际施工人的利益。这种情形扰乱了建筑业市场秩序，严重侵害了农民工的合法权益，影响了社会的稳定与和谐。

解释第二十六条的规定，实际突破了合同相对性；其立意和宗旨，是为保护实际施工人利益而做出的特别规定，一定意义上，主要是保护建筑业市场中农民工的权益和利益而作出的特别规定。

## 11.如何认定合作开发合同的法律效力？

**专家解析：**

房地产行业本身具有技术含量高，投资规模巨大，土地资源稀缺，开发手续繁琐等特点,市场上往往会出现有资金无土地、有土地无资金的局面,这就需要不断地整合资源,以达到资源共享,实现利益最大化的目的。市场这只"无形的手",使合作开发,联合建设的项目应运而生。在实践中,由于立法上的不成熟,制度上的缺陷,合同内容的不严谨,导致合作双方极易产生纠纷。

最高人民法院于 2005 年 6 月 18 日公布的《关于审理涉及国有土地使用权合同纠纷案件适用法律问题的解释》(以下简称司法解释)第十四条对合作开发房地产合同的概念作出了明确的规定,"本解释所称的合作开发房地产合同,是指当事人订立的以提供出让土地使用权、资金等作为共同投资、共享利润、共担风险合作开发房地产为基本内容的协议。"根据司法解释对合作开发合同的定义,其法律特征应体现以下三个方面:

1.合作主体的特定性。

《城市房地产开发经营管理条例》及《建筑企业资质管理规定》对房地产开发企业设立条件进行了明确的规定,从事房地产开发的企业必须取得相应的开发资质。因此合作开发合同中合作的主体至少应有一方具备开发资质,否则,该协议就会被认定为无效。司法解释第十五条对其进行了明确的规定,合作开发房地产合同的当事人一方具备房地产开发经营资质的,应当认定合同有效。当事人双方均不具备房地产开发经营资质的,应当认定合同无效。

2.合作标的的特殊性。

合作开发协议的基础应当是共同投资,而投资的方式可以是多种多样的,如资金、实物、专有技术、劳务、土地使用权等,实践中的合作双方大多数为一方出资,一方出地。根据司法解释的规定,如以土地使用权投资,其合作的标的只能是以出让方式获得的国有土地使用权。对于以划拨的方式取得的国有土地使用权和农村或城市郊区的集体土地使用权,是不能作为合作开发协议标的的。

3."共同投资、共享利润、共担风险"应是合作开发协议的本质特征。"共同经营"不是合作开发协议的法律特征,它并不影响法院对该协议性质的判断。

在实践中有大量的合同称为"联建协议"、"合作建房协议"、"合作开发房地产合同",但合同的内容却不能体现出"共同投资、共享利润、共担风险"的特点,如有的开发商提供土地使用权出资,但不承担经营风险,只收取固定利润;有的投资者则只提供一定数额资金,然后获取固定数量的房屋,……这样的合同在法律上是不能定性为合作开发协议(即联建合同)的。因为它不能体现合作开发合同的本质特征。

但是,由于房地产行业本身具有的复杂特点,要求合作的双方都具有经营管理能力和经验,都具有房地产开发资质,显然不符合当事人合作开发的初衷,不符合当事人意思自治的原则,合作双方是考虑到开发能力资金优势,资源整合等众多优势互补的因素而进行合作的,显然不需要以共同经营来约束双方,法律实无必要对合作双方经营管理的分工作出强制性的规定。

从分析合作开发协议的三个法律特征可以看出,合作主体的特定性和合作标的的特殊性是认定合作开发合同效力的依据;而合同内容所体现的本质特征则是判断合同性质的要件,而非认定合同效力的标准。如果一个合同的内容不能体现"共同投资,共享利润,共担风险"的特征,法院将根据其出资的情况和获益的方式分别认定为不同性质的合同,然后再根据合同的性质,适用相应的法律规范来确定合同的效

力,司法解释第二十四条至二十七条分别界定了常见的四种合同性质,下面分述如下:

一、《司法解释》第二十四条规定:"合作开发房地产合同约定提供土地使用权的当事人不承担经营风险,只收取固定利益的,应当认定为土地使用权转让合同。"

我国1995年颁布的《城市房地产管理法》第三十七条至三十九条对土地使用权的转让(土地的二级市场)规定了比较严格的限制条件,对不符合这些条件的,土地使用权是不能转让的。而现实的条件是,有的企业虽然取得了土地使用权,但其根本不具备开发能力,再加上房地产开发缺乏经验,其主观上只是希望通过转让土地使用权获得"地价差",实现盈利的目的。为了规避上述转让的限制性条件,他们只能以合作开发的形式与第三方签订合同,然后收取固定的利润,作为土地使用权的转让款。

对此类合同效力的判定,应当以土地使用权转让的相关法律法规的规定为依据。而我国现行的《城市房地产管理法》、《城镇国有土地使用权出让和转让暂行条例》等法律法规对土地使用权的转让条件做了比较严格的限制性规定,具体表现在:1.支付全部土地使用权出让金,取得土地使用权证;2.按出让合同约定进行投资开发,属房屋建设工程的,完成开发投资总额的25%以上,属于成片开发土地的,形成工业用地或者其他用地条件;3.土地使用权转让,应当依照规定办理过户登记。在司法解释出台前,实践中均是按上述规定作为认定此类合同效力的依据,但司法解释第八条、第九条,已明确将"是否取得土地使用权证"作为认定合同效力的一个条件,同时亦规定了未办理土地使用权变更登记手续的,不影响转让合同的效力。可见,现在司法实践已不再将上述法律法规规定的限制性条件作为认同合同无效的依据。

二、司法解释第二十五条规定："合作开发房地产合同约定提供资金的当事人不承担经营风险,只分配固定数量房屋的,应当认定为房屋买卖合同。"

此类合同双方的权利义务非常明确,一方为了获取建设资金,另一方为了获取一定数量的房产。但获取房产一方并不参与经营管理,亦不承担经营风险,只是分享建设的成果。显然此类合同约定的实体权利义务所体现的合同性质应属于房屋买卖合同。

根据我国《城市房地产开发经营管理条例》的规定,对尚未建成的商品房实行预售登记许可制度;最高人民法院相关司法解释规定,开发商在未取得商品房预售许可证的情况下与他人订立的商品房预售合同,应当认定为无效,但如起诉前取得了预售许可证明,可以认定为有效。因此,按照上述规定,此类合同的效力应以开发商取得预售许可证的时间进行界定。

三、司法解释第二十六条规定："合作开发房地产合同约定提供资金的当事人不承担经营风险,只收取固定数额货币的,应当认定为借款合同。"

司法实践中,法院对企业间借款合同的效力的认定依据主要是两个:一是中国人民银行有关企业之间拆借资金的规定;二是最高人民法院1990年发布的《关于审查联营合同纠纷案件若干问题的解答》第四条的规定。根据上述规定,企业与企业之间的借款合同一律被认定为无效。

四、《司法解释》第二十七条规定："合作开发房地产合同约定提供资金的当事人不承担经营风险,只以租赁或者其他形式使用房屋的,应当认定为房屋租赁合同。"

根据我国《民法通则》、《合同法》、《城市房地产管理法》、最高人民法院《关于适用〈中华人民共和国合同法〉若干问题的解释(一)》等有关法律法规的规定,下列的房屋租赁应认定合同无效:

(一)签约主体不合格。

(二)内容不合法。主要包括:一方以欺诈、胁迫的手段订立合同,损害国家利益的;恶意串通、损害国家、集体或者第三人利益的;以合法形式掩盖非法目的;损害害社会公共利益的;违反法律、法规强制性规定等情形。

(三)客体不合格。房屋租赁合同中的标的物应当是法律、法规允许出租的房屋。

**专家支招:**

合作双方在签订此类合作合同时存在有效和无效两种情形, 存在很大的合同效力风险,必须谨慎,使合同尽量有效。双方在签订合同时,首先必须明确双方共同投资、共享利润、共担风险的意思表示,必要时应当委托专业律师参与,把好合同的签约关,对双方的权利、义务约定明确,严格违约责任的约定,提高合同签订质量,保证合同效力。

## 12.土地使用权人不按出让合同约定的动工开发期限开发土地导致土地长期闲置,政府是否有权收回土地使用权?

**案例:**

某房地产开发公司 2007 年 10 月通过挂牌出让的方式取得一块土

地保用权,用途为商业用地。该公司在取得该土地使用权后迟迟不予开发,其目的就是看重了该块土地的后期升值空间,想等待地价上涨以后再投资或者转让,政府部门曾多次催促,但该公司仍找种种理由拖延。三年后,该地块周边出让商业街已经初具雏形,商业氛围渐渐形成,地价也明显上涨。此时,该房地产开发公司决定将所享有的土地使用权以合作开发的形式对外转让。不料却收到了政府决定收回该土地使用权的通知。请问:政府在什么情况下有权收回土地使用权? 在哪些情形下不得转让土地使用权?

## 专家解析:

根据《中华人民共和国土地管理法》第三十七条第二款规定:在城市规划区范围内,以出让方式取得土地使用权进行房地产开发的闲置土地,依照《中华人民共和国城市房地产管理法》的有关规定办理。《城市房地产管理法》第二十六条规定:以出让方式取得土地使用权进行房地产开发的,必须按照土地使用权出让合同约定的土地用途、动工开发期限开发土地。超过出让合同约定的动工开发日期满1年未动工开发的,可以征收相当于土地使用权出让金20%以下的土地闲置费;满2年未动工开发的,可以无偿收回土地使用权;但是,因不可抗力或者政府、政府有关部门的行为或者动工开发必需的前期工作造成动工开发迟延的除外。本案中,该房地产开发公司取得土地使用权后,故意违反土地出让合同关于动工开发期限的约定,迟迟不予开发,导致土地长期闲置。根据上述法律规定,政府有权收回无偿土地。在此情况下,已经取得的土地使用权既不能再行开发,也不能对外转让。

## 专家支招:

土地作为一种稀缺资源,对它的利用就应当遵循利益最大化的原则体现其效用。闲置土地的无偿收回,对合理配置土地资源、充分发挥土地效用具有十分重要的意义。《宪法》和相关法律都体现了合理配置资源,充分发挥土地效用立法原则和精神。为了能合理地利用土地,国家有权依法对土地开发和使用的权利进行重新配置,以充分发挥土地效用。闲置土地无偿收回制度,可以合理配置资源又可以促进使用权人即时利用土地。

因此,对于开发建设单位,在取得土地使用权以后必须严格履行其与市、县人民政府签订的国有土地使用权出让合同关于土地用途和动工开发期限的约定,及时、合理利用土地,充分发挥土地资源的效用,为社会造福。

## 13.房地产开发企业如果没有资质或超越资质进行房地产开发的,需承担什么法律责任?

**专家解析:**

从事房地产开发的企业,应当具备企业法人条件,经工商行政管理部门登记并发给营业执照,经建设主管部门备案并核发资质证书,才具有完整的房地产开发经营资格。也就是说,具备开发资质是房地产开发企业进行开发经营活动的前提。房地产开发企业如果没有资质或超越资质进行房地产开发的,不仅应当受到政府主管部门的行政处罚,还会影响到其与其他民事主体之间签订的房地产开发合同的法律效力。

一、房地产开发企业资质等级及条件

根据建设部《房地产开发企业资质管理规定》第五条规定:房地产

开发企业按照企业条件分为一、二、三、四共四个资质等级。各资质等级企业的条件如下：

（一）一级资质

1.注册资本不低于5000万元；

2.从事房地产开发经营5年以上；

3.近3年房屋建筑面积累计竣工30万平方米以上，或者累计完成与此相当的房地产开发投资额；

4.连续5年建筑工程质量合格率达100%；

5.上一年房屋建筑施工面积15万平方米以上，或者完成与此相当的房地产开发投资额；

6.有职称的建筑、结构、财务、房地产及有关经济类的专业管理人员不少于40人，其中具有中级以上职称的管理人员不少于20人，持有资格证书的专职会计人员不少于4人；

7.工程技术、财务、统计等业务负责人具有相应专业中级以上职称；

8.具有完善的质量保证体系，商品住宅销售中实行了《住宅质量保证书》和《住宅使用说明书》制度；

9.未发生过重大工程质量事故。

（二）二级资质

1.注册资本不低于2000万元；

2.从事房地产开发经营3年以上；

3.近3年房屋建筑面积累计竣工15万平方米以上，或者累计完成与此相当的房地产开发投资额；

4.连续3年建筑工程质量合格率达100%；

5.上一年房屋建筑施工面积 10 万平方米以上,或者完成与此相当的房地产开发投资额;

6.有职称的建筑、结构、财务、房地产及有关经济类的专业管理人员不少于 20 人,其中具有中级以上职称的管理人员不少于 10 人,持有资格证书的专职会计人员不少于 3 人;

7.工程技术、财务、统计等业务负责人具有相应专业中级以上职称;

8.具有完善的质量保证体系,商品住宅销售中实行了《住宅质量保证书》和《住宅使用说明书》制度;

9.未发生过重大工程质量事故。

(三)三级资质

1.注册资本不低于 800 万元;

2.从事房地产开发经营 2 年以上;

3.房屋建筑面积累计竣工 5 万平方米以上,或者累计完成与此相当的房地产开发投资额;

4.连续 2 年建筑工程质量合格率达 100%;

5.有职称的建筑、结构、财务、房地产及有关经济类的专业管理人员不少于 10 人,其中具有中级以上职称的管理人员不少于 5 人,持有资格证书的专职会计人员不少于 2 人;

6.工程技术、财务等业务负责人具有相应专业中级以上职称,统计等其他业务负责人具有相应专业初级以上职称;

7.具有完善的质量保证体系,商品住宅销售中实行了《住宅质量保证书》和《住宅使用说明书》制度;

8.未发生过重大工程质量事故。

(四)四级资质

1.注册资本不低于 100 万元;

2.从事房地产开发经营 1 年以上;

3.已竣工的建筑工程质量合格率达 100%;

4.有职称的建筑、结构、财务、房地产及有关经济类的专业管理人员不少于 5 人,持有资格证书的专职会计人员不少于 2 人;

5.工程技术负责人具有相应专业中级以上职称,财务负责人具有相应专业初级以上职称,配有专业统计人员;

6.商品住宅销售中实行了《住宅质量保证书》和《住宅使用说明书》制度;

7.未发生过重大工程质量事故。

二、未取得资质等级证书或者超越资质等级从事房地产开发经营的法律责任及依据

《城市房地产开发经营管理条例》第三十五条规定:违反本条例规定,未取得资质等级证书或者超越资质等级从事房地产开发经营的,由县级以上人民政府房地产开发主管部门责令限期改正,处 5 万元以上 10 万元以下的罚款;逾期不改正的,由工商行政管理部门吊销营业执照。

《房地产开发企业资质管理规定》(建设部令第 77 号)第十九条规定:企业未取得资质证书从事房地产开发经营的,由县级以上地方人民政府房地产开发主管部门责令限期改正,处 5 万元以上 10 万元以下的罚款;逾期不改正的,由房地产开发主管部门提请工商行政管理部门吊销营业执照。

《房地产开发企业资质管理规定》(建设部令第 77 号)第二十条规

定:企业超越资质等级从事房地产开发经营的,由县级以上地方人民政府房地产开发主管部门责令限期改正,处5万元以上10万元以下的罚款;逾期不改正的,由原资质审批部门吊销资质证书,并提请工商行政管理部门吊销营业执照。

《商品销售管理办法》(建设部令第88号)第三十七条规定:未取得房地产开发企业资质证书,擅自销售商品房的,责令停止销售活动,处5万元以上10万元以下的罚款。

三、房地产开发企业是否具备房地产开发资质直接影响到其与其他民事主体之间所签订的民事合同的效力

房地产开发企业不具备房地产开发经营资质的原因有两种,一种是自公司成立伊始就没有取得资质,一种是在经营过程中因违法被政府主管部门吊销销资质证书。而无论是哪种情况,都会对房地产开发经营造成灾难性毁灭,需要引起重视。

《最高人民法院关于审理涉及国有土地使用权合同纠纷案件适用法律问题的解释》第十五条规定:合作开发房地产合同的当事人一方具备房地产开发经营资质的,应当认定合同有效。当事人双方均不具备房地产开发经营资质的,应当认定合同无效。但起诉前当事人一方已经取得房地产开发经营资质或者已依法合作成立具有房地产开发经营资质的房地产开发企业的,应当认定合同有效。也就是说,如果房地产开发企业在签订合作开发房地产合同时应当具备房地产开发经营资质,至迟应当在起诉前取得资质,否则所签订的合同会被法院判为无效。

而如果房地产开发企业不具备房地产开发经营资质或者在经营过程中被吊销资质证书,也会直接影响到国有土地使用权出让合同、建设工程施工合同的履行,有时甚至会造成合同解除或终止。

## 14.房地产开发公司如何通过项目公司股权转让的 方式转让房地产开发项目?

**专家解析:**

房地产项目公司(简称项目公司)是指专为开发特定的房地产项目而成立的房地产开发公司。通过情况下,其拥有待开发或正在开发的项目。部分或全部收购项目公司股权的动机是获得土地使用权或在建工程。

《中华人民共和国城市房地产管理法》第三十八条对以出让方式取得土地使用权房地产对外转让规定了严格的限制性条件:

(一)按照出让合同约定已经支付全部土地使用权出让金,并取得土地使用权证书;

(二)按照出让合同约定进行投资开发,属于房屋建设工程的,完成开发投资总额的25%以上,属于成片开发土地的,形成工业用地或者其他建设用地条件。

转让房地产时房屋已经建成的,还应当持有房屋所有权证书。

2002年5月,国土资源部发布了《招标拍卖挂牌出让国有土地使用权规定》,该令明确规定对商业、旅游、娱乐和商品住宅等各类经营性用地,必须通过公开招标、拍卖或者挂牌的方式取得。这一法令对全国的房地产开发市场产生了重大而深远的影响。在这种背景下,通过转让项目公司股权的形式间接进行土地使用权转让,已成为房地产合作开发的一种较为常见的做法,由此在实践中也产生了许多法律纠纷。下面从法律实务的角度简要介绍一下房地产开发公司通过项目公司股权转让的方式转让房地产开发项目的做法，详细分析一下可能存在的法律风险及应当采取的预防措施。

项目公司股权转让本质上是房地产项目转让，但是它不同于常规的土地使用权转让、房地产项目转让和在建工程转让，这种转让原则上只涉及项目公司的实际控制人（股东）的变更，而不涉及公司自身主体资格的变动，项目公司的经营权及其债权债务、所取得的证照的法律效力仍有效存续，不受股权转让的影响。同时，这种股权转让由于不涉及土地使用权变更的问题，因此省去了很多批准的繁琐程序。

需要指出的是，收购项目公司的股权和一般公司的股权，本质相同，都是企业重组模式中的股权交易形式，因此，应当遵循公司法关于股权转让的条件和程序。

一、公司股权转让形式下的房地产转让分析和比较

相对于土地使用权转让、房地产项目转让和在建工程转让，公司股权转让形式下的房地产转让具有以下优点：

（一）相对成本较低。由于二者交易的合同标的不同，转让方和受让方所缴纳的税费不同，计税标准也不同。土地使用权、项目或在建工程的转让涉及的税费包括契税、交易手续费、营业税及土地增值税等，而股权转让税负相对较轻。

（二）办理手续简便。收购项目公司，只要签订股权转让协议并按规定办理股权转让变更和工商变更登记即可通过控制公司的经营权来直接控制和管理整个项目。而土地使用权、项目或在建工程的转让涉及土地使用权过户及建设手续变更等手续，比较复杂。

（三）项目开发速度加快。一旦股权转让手续获得有关部门的审批通过，在项目公司的名下，受让方即可立即投入资金进行后续开发建

设,无须再重新立项办理建设手续。

公司股权转让形式下的房地产转让还存在如下不足之处,需要引起股权受让方的关注:

(一)收购方承担的风险因素增加。收购方除考虑房地产项目本身的建设风险外,还需要考虑目标公司的对外担保、债务、未支付款项、合同违约等潜在风险。

(二)前期谈判调查时间比较长。土地使用权及在建工程通常存在多份合同、多种法律关系交织的现象。股权受让方有时很难了解项目公司的对外担保、合同违约、或有负债等经营、财务或税务情况,产生的信息不对称增加了彼此沟通和谈判的难度。

(三)如是国有股权转让,股权转让涉及政府主管部门、国有资产监督管理部门、产权交易机构等多个单位,交易时间可能会变长。

二、公司股权转让形式下的房地产转让存在的风险因素分析

公司股权转让形式下的房地产转让,受让方必须分别考虑房地产项目风险和公司股权风险,公司股权风险是主要的风险。在整个转让运作过程中,风险主要有:

1.目标公司的或有债务,包括未披露的对外担保、潜在的合同违约、潜在的一般性债务等。受让方收购股权后,必须承担目标公司的债务责任。即使转让协议明确规定受让方对目标企业的债务不承担责任,这种协议条款也不能对抗善意的第三人,收购方只能在对外承担了债务责任后再对原来的股东进行追索。但这时原来的股东的偿债能力已经没有保证了,所以股权收购方容易陷入债务的泥潭。这种风险是所有公司股权转让中都必须关注的风险,项目公司股权转让也不例外。同时,由于项目公司在受让土地、开发建设过程中会签订各种合同,因此对项目公司已经签订的各种合同履行情况进行详细的调查是十分必要

的,不仅如此,还要与合同的对方当事人进行核实和确认,以免在股权转让之后发生争议。

2.被收购股权的合法性和有效性,包括股权出让方和受让方主体和股权转让的合法性。需要详细审查项目公司的成立及出资、章程及章程修正案、历次股东会决议等相关文件。

3.土地使用权或在建工程可能被原股东多次抵押,也可能被原股东的债权人查封。因此,受让方必须审核房地产产权证是否标注有他项权利登记、有没有被司法机关限制权利转移的情形。

4.房地产项目规划、建设的合法性,包括方案对周边居民的日照影响、场地是否有利组织施工、地下条件、用地性质、土地使用年限、原来的设计结构等因素。

三、房地产项目公司股权受让方的风险预防和控制

通常,房地产项目公司股权受让方的风险来源于两个方面,一个是房地产项目本身风险,包括环境、政策、市场变化造成的经营风险,及因转让方违约造成的潜在诉讼风险、开发建设过程中形成的潜在风险等。这类房地产项目风险一般通过前期调查、审查程序和可行性分析论证是可以进行识别和评估。另一风险源就是股权转让风险,这类风险主要是潜在债务风险,由于潜在债务风险的隐蔽性、突发性和破坏性无法完全通过调查进行识别和评估,所以股权受让方应当在股权转让的各个阶段采取必要的风险管理对策,来应对可能出现的法律风险。下面就股权转让各个阶段进行调查的内容和注意的事项简要介绍如下:

(一)前期尽职调查阶段

在此阶段,股权受让方的调查工作主要围绕目标公司和目标房地产项目,调查对象是一切可能影响股权受让方潜在利益的因素。

首先,应对目标房地产公司的外部环境和内部情况进行审慎的调

查与评估,包括但不限于:(1)公司的基本资料(如公司章程、年检报告、股东信息);(2)财务、税收状况、股东出资情况;(3)对外签署的合同及其执行情况;(4)对外担保情况、对外债权债务关系;(5)房地产开发经营资质等级、其他房地产项目的开发和经营状况等。

其次,应着重针对目标房地产项目本身进行调查,这是是否进行股权转让的决定性因素。因为公司股权转让的风险还可以通过合同条款加以约束,但目标房地产项目本身的风险只能依靠调查结果进行判断,因而在此阶段对目标房地产项目进行调查更有意义。股权受让方应结合我国法律规定及实践经验,通过审查与项目有关的各类合同和审批文件,对以下(包括但不限于)内容可能存在的风险进行认真的分析和论证:

(1)土地使用权的取得方式及其合法性;

(2)项目用地的性质、占用空间、使用年限、项目的功能和土地用途是否符合受让方的投资需求(若不符合需求可否依法变更);

(3)项目开发进度情况(是否存在尚未拆迁完毕、需受让方承担拆迁补偿责任的风险);

(4)相关审批手续是否已经依法办好(项目开发的真正主体与审批文件中的主体是否一致、实际建设的项目与审批的项目是否一致);

(5)项目规划是否合理、有无存在超规划的情况;

(6)项目用地是否存在被征收或征用的可能性;

(7)目标房地产项目本身是否存在对外债务(如工程款)、房地产项目资产权属是否明确、清晰、无瑕疵(如房地产产权证内是否标注有他项权利的登记、是否被国家权力部门查封、是否对外提供担保以及担保范围);

(8)项目的相邻关系是否存在潜在危机(如因采光权、光污染、建设工地噪音等原因引发纠纷或者诉讼，导致工期拖延和经济赔偿双重损失）。

（二）合同签订阶段

股权转让合同的主要条款有：

（1）转让当事人的名称（姓名）、住所。

（2）声明与保证。

（3）项目概况（包括：坐落地点、项目性质、四至、占地面积、有关规划指标等）。

（4）项目转让时土地使用权性质，取得方式及使用期限。

（5）项目现状：

①项目报批现状包括规划参数，并列明取得的批文；

②项目动拆迁、开发现状（停建、缓建）；

③项目涉及的土地或工程的权利限制情况。

（6）转让标的。

（7）股权转让价款及支付时间和方式。

（8）公司股权的交割时间及方式。

（9）股权转让过渡期间的权利行使及责任。

（10）合同的变更与解除。

（11）违约责任。

（12）争议解决方式。

公司股权转让的主要风险是转让合同无效。导致股权转让无效的因素有很多，如：转让主体（出让方和受让方）、法律程序、登记手续的合法性和有效性。转让无效的直接后果就是受让方不能实现收购房地产项目的目的。转让无效的风险完全可以通过受让方及其聘请的专业人士的审慎行事得以避免。

　　根据我国《公司法》的规定,股权转让生效后,房地产项目公司仍须对原有的债务向债权人承担清偿责任,即使受让方与转让方之间签署的股权转让协议已明确双方的责任分担甚至原有债务的豁免。但是,这种内部协议条款以及转让方的单方承诺不能对抗善意的第三人,当债务人要求房地产项目公司清偿债务时,房地产项目公司不能以股权受让方与转让方约定的债务承担方式为由拒绝承担债务,而只能在对外承担债务之后再向转让方追偿。因此,在公司股权转让过程中,受让方面临的最大风险就是对公司原有的、不可知的债务的承担以及承担之后向转让方追偿不得的风险。为控制这一风险,股权受让方可要求转让方对目标公司情况进行披露并承担披露不实的违约责任。披露的内容是与公司相关的一切情况,主要包括有关出资、资产、债务、合同、担保、专业资质等对受让方利益产生潜在性影响的情况。若转让方披露的内容不真实或易产生误导,受让方可以解除合同,并追究转让方的违约责任。为控制受让方向转让方追偿不得的风险,受让方可事先要求转让方提供担保或者分期支付股权转让款并留下一部分尾款作为进行股权转让潜在风险的保证金。

　　总之,在签订合同时,需要特别注意的重要条款是:公司信息的披露义务及披露不实的违约责任;股权转让方对违约责任的担保方式;公司印章的移交以及移交前后的界限划分;股权转让生效前后债务的承担;合同的生效及公司股权转让的生效;工商变更登记手续的办理主体及时间。

　　(三)合同履行阶段

　　在股权转让合同的履行方面,转让方的主要义务是向受让方转移股权,受让方的主要义务是按照约定向转让方支付转让款。根据我国《公司法》的相关规定,将股权转让结果记载于股东名册是公司的义务。

与股权转让有关的公司章程修改、变更工商登记等事项,也应由公司办理。股权转让合同生效, 房地产项目公司将新股东记载于公司股东名册,并到公司登记机关办理变更登记后,股权转让生效,并具有对抗第三人的效力。

## 15.开发区管理委员会有权对外签订国有土地使用权出让合同吗?

**案例:**

2004年8月,某公司到某省会城市高新技术产业开发区兴办工厂投资。该高新技术产业开发区管委会为吸引投资,遂决定将园区内一块工业用地出让给该公司,并与该公司签订了国有土地使用权出让合同。随后该公司进驻园区申领了营业执照。然而该公司在去市国土资源管理部门办理登记手续时, 却被告知其与开发区管委会订立的土地使用权出让合同无效。请问:该企业与开发区管委会签订的土地使用权出让合同是否有效?

**专家解析:**

在改革开放和市场经济发展进程中,各地市、县级人民政府纷纷设立了很多开发区对外招商引资, 并以开发区管理委员会名义对外签订国有土地使用权出让合同,实践中也出现了很多矛盾和纠纷。现着重从国有土地使用权出让合同的法律性质、土地使用权出让的主体以及土地使用权出让合同的效力三个方面对本案进行剖析。

首先,国有土地使用权出让合同与普通的民事合同存在明显不同。

《城市房地产管理法》第七条规定,土地使用权出让,是指国家将国有土地使用权在一定年限内出让给土地使用者,由土地使用者向国家支付土地使用权出让金的行为。土地使用权出让行为虽然具有一定的民事法律行为的特征,但国家与用地者在出让过程中表现的是一种行政法律关系。从法律本质上讲,土地使用权出让是一种行政许可行为,是国家特许某些当事人享有特定地块的土地使用权的行政行为。土地使用权出让合同是土地行政主管部门与相对人协商后签订的,对双方在土地行政管理中的权利、义务进行约定,行政主体在合同的订立或执行过程中起主导作用,双方当事人之间形成的是行政法律关系。通过签订合同,双方当事人设立、变更、终止的是行政上的管理和被管理关系。

其次,根据《土地管理法》、《城市房地产管理法》和《城镇国有土地使用权出让和转让暂行条例》的规定,土地使用权出让合同的主体必须符合法律规定,即出让方必须为市、县人民政府土地管理部门,其他部门无权出让。但由于以往土地市场管理不规范,特别是对各类开发区内的土地管理缺乏有效措施,导致了一些开发区的国有土地出让呈现无序状态,开发区管委会擅自出让土地的情况较为严重,引发了大量的合同纠纷。针对这种情况,最高人民法院于 2005 年 6 月 22 日出台了《关于审理涉及国有土地使用权合同纠纷案件适用法律问题的解释》(以下简称《解释》),明确了土地使用权出让的主体只能是市、县人民政府,土地使用权出让合同的订立与履行则由市、县人民政府的土地管理部门具体负责。

最后,关于合同的效力问题。《解释》第二条规定:开发区管理委员会作为出让方与受让方订立的土地使用权出让合同,应当认定无效。本解释实施前,开发区管理委员会作为出让方与受让方订立的土地使用权出让合同,起诉前经市、县人民政府土地管理部门追认的,可以认定合同有效。

《解释》明确将不具备法定主体资格的开发区管委会与受让人订立的土地使用权出让合同按无效处理,对今后土地出让行为给予有效规范。但考虑到我国目前的实际情况,对开发区管委会遗留下的为数不少的出让土地问题,仍采取一定的补救手段,即在起诉前经过市、县人民政府土地管理部门追认的,可以认定有效。这样规定既符合《中华人民共和国合同法》关于效力待定合同的处理原则,也对历史遗留问题提出了相应的解决方案,在促进交易的同时也有利于维护交易安全秩序。

综上所述,案例中该公司与开发区管委会所签订的国有土地使用权出让合同于 2005 年 8 月签订,根据《解释》的相关规定,属于追认的范围,故若在起诉前经过有关部门追认,可以认定为有效。

## 16.转让方未按照出让合同约定支付全部土地使用权出让金的,转让合同是否有效?

**专家解析:**

根据法律规定,以出让方式取得国有土地使用权的,土地使用者须与市、县人民政府的土地管理部门签订国有土地使用权出让合同,并按照出让合同的约定缴纳土地出让金,即支付取得土地使用权的对价。

《城镇国有土地使用权出让和转让暂行条例》第十六条规定:"土地使用者在支付全部土地使用权出让金后,应当依照规定办理登记,领取土地使用证,取得土地使用权。"可见,土地使用者只有在缴纳全部土出让金后,才能办理土地使用权登记,依法取得国有土地使用权。

《中华人民共和国城市房地产管理法》第三十八条规定:"以出让方式取得土地使用权的,转让房地产时,应当符合下列条件:(一)按照出让合同约定已经支付全部土地使用权出让金,并取得土地使用权证书;……。"从该条规定看,按出让合同约定支付全部土地使用权出让金和取得土地使用权证书,是转让土地使用权必须同时具备的两个前提条件。但是,在实践中,有的地方政府在国有土地使用权出让合同中约定受让人按约定支付部分土地出让金后即可办理国有土地使用证,其余土地出让金可分期支付。特殊情况下,政府甚至会决定对应缴纳的土地出让金进行减、免、缓。而当公司经营发生变化造成资金困难时,如果仍严格要求土地出让方按照上述规定先缴纳土地出让金才能对外转让,则可能出现拖欠土地出让金却又无力继续开发的"僵局"现象。为了解决实践中出现的这种矛盾和困境,我们认为,"是否支付全部土地使用权出让金",不应作为判断土地使用权转让合同效力的依据,未支付的土地出让金作为对政府的债务,应通过《合同法》解决。《最高人民法院关于审理涉及国有土地使用权合同纠纷案件适用法律问题的解释》第九条规定:转让方未取得出让土地使用权证书与受让方订立合同转让土地使用权,起诉前转让方已经取得出让土地使用权证书或者有批准权的人民政府同意转让的,应当认定合同有效。

综上所述,转让方未按照出让合同约定支付全部土地使用权出让金的,但是只要取得出让土地使用权证书或者有批准权的人民政府同意转让的,转让合同仍应当认定为有效,但是,转让方须将转让价款优先补交尚未缴清的土地出让金,并根据出让合同约定承担相应的违约责任。

## 17.未经政府部门批准转让划拨土地使用权的，转让合同是否有效？

**专家解析：**

划拨土地使用权是土地使用者经县级以上人民政府依法批准，在缴纳补偿、安置等费用后所取得的或者无偿取得的没有使用期限限制的国有土地使用权。

《城市房地产管理法》第三十九条规定：以划拨方式取得土地使用权的，转让房地产时，应当按照国务院规定，报有批准权的人民政府审批。有批准权的人民政府准予转让的，应当由受让方办理土地使用权出让手续，并依照国家有关规定缴纳土地使用权出让金。

以划拨方式取得土地使用权的，转让房地产报批时，有批准权的人民政府按照国务院规定决定可以不办理土地使用权出让手续的，转让方应当按照国务院规定将转让房地产所获收益中的土地收益上缴国家或者作其他处理。

因此，以划拨方式获得土地使用权的，须经有批准权的市、县人民政府审批后，方可进行转让。《条例》第四十五条还规定了划拨土地使用权的转让条件，但同样规定政府审批是转让的前提。未经政府部门批准擅自转让划拨土地使用权的，所签订土地使用权转让合同应属于无效合同。

## 18.建设工程必须进行招标而未招标或者中标无效的,建设工程施工合同的效力如何?

**案例:**

某市准备建设城市轨道交通工程,全部使用国有资金投资,高阔建设集团在串通投标的情况下中标,其后就与某市签订了《建设工程施工合同》,请问,该合同的效力如何?

**专家解析:**

招标是指招标人(买方)发出招标公告或投标邀请书,说明招标的工程、货物、服务的范围、标段(标包)划分、数量、投标人(卖方)的资格要求等,邀请特定或不特定的投标人(卖方)在规定的时间、地点按照一定的程序进行投标的行为。

根据《中华人民共和国招标投标法》第十条的规定,招标分为公开招标和邀请招标:公开招标,是指招标人以招标公告的方式邀请不特定的法人或者其他组织投标;邀请招标,是指招标人以投标邀请书的方式邀请特定的法人或者其他组织投标。

同时根据该法第三条、第四条的规定,在中华人民共和国境内进行下列工程建设项目包括项目的勘察、设计、施工、监理以及与工程建设有关的重要设备、材料等的采购,必须进行招标:

(一)大型基础设施、公用事业等关系社会公共利益、公众安全的项目;

（二）全部或者部分使用国有资金投资或者国家融资的项目；

（三）使用国际组织或者外国政府贷款、援助资金的项目。

前款所列项目的具体范围和规模标准，由国务院发展计划部门会同国务院有关部门制订，报国务院批准。

任何单位和个人不得将依法必须进行招标的项目化整为零或者以其他任何方式规避招标。

上述依法必须招标的工程建设项目，也必须具备一些条件以后才可以进行施工招标。根据《工程建设项目施工招标投标办法》第八条的规定，依法必须招标的工程建设项目，应当具备下列条件才能进行施工招标：

（一）招标人已经依法成立；

（二）初步设计及概算应当履行审批手续的，已经批准；

（三）招标范围、招标方式和招标组织形式等应当履行核准手续的，已经核准；

（四）有相应资金或资金来源已经落实；

（五）有招标所需的设计图纸及技术资料。

实践中，经常存在串通招标投标的情况。串通招标投标，是指招标者与投标者之间或者投标者与投标者之间采用不正当手段，对招标投标事项进行串通，以达到排挤竞争对手或损害招标者利益的目的的行为。一般情况下，串通投标的方法有以下几种：

（1）招标者预先内定中标者，并在确定中标者时以此决定；

（2）招标者在公开开标前，提前开启标书，将投标情况告知投标者，或者协助投标者撤换标书；

（3）招标者向投标者泄露标底；

（4）投标者与招标者私下协商，在招投标时故意压低或者抬高标价，中标后再额外补偿；

（5）投标者之间私下协商，一致抬高或者压低报价；

（6）投标者之间进行内部竞价内定中标人后，再去参加投标；

（7）投标者之间私下协商，在招标时轮流中标；

（8）其他招标者与投标者或者投标者之间串通招投标的行为。

串通投标是一种违法行为，根据《中华人民共和国反不正当竞争法》第二十七条的规定，投标者串通投标，抬高标价或者压低标价；投标者和招标者相互勾结，以排挤竞争对手的公平竞争的，其中标无效。监督检查部门可以根据情节处以一万元以上二十万元以下的罚款。串通投标行为也有可能构成犯罪，根据《中华人民共和国刑法》第二百二十三条规定，投标人相互串通投标报价，损害招标人或者其他投标人利益，情节严重的，处三年以下有期徒刑或者拘役，并处或者单处罚金。投标人与招标人串通投标，损害国家、集体、公民的合法利益的，依照前款的规定处罚。第二百三十一条规定，单位犯本节第二百二十一条至第二百三十条规定之罪的，对单位判处罚金，并对其直接负责的主管人员和其他直接责任人员，依照本节各该条的规定处罚。

那么串通投标中标后签订的《建设工程施工合同》的效力如何呢？根据《最高人民法院关于审理建设工程施工合同纠纷案件适用法律问题的解释》第一条的规定，建设工程施工合同具有下列情形之一的，应当根据合同法第五十二条第（五）项（有下列情形之一的，合同无效：（五）违反法律、行政法规的强制性规定）的规定，认定无效：

（一）承包人未取得建筑施工企业资质或者超越资质等级的；

（二）没有资质的实际施工人借用有资质的建筑施工企业名义的；

(三)建设工程必须进行招标而未招标或者中标无效的。

**专家支招：**

本案中，高阔建设公司在串通投标的情况下中标，应当认定为中标无效。根据《最高人民法院关于审理建设工程施工合同纠纷案件适用法律问题的解释》第一条的规定，建设工程必须进行招标而未招标或者中标无效的情况下签订的建设工程施工合同应当认定为无效。

## 19.建设工程施工合同无效，建设工程竣工后工程价款怎么处理？

**案例：**

某市准备进行河道修整工程建设，全部使用国有资金投资。在没有进行招标的情况下，与高阔建设集团签订了《建设工程施工合同》。在该合同无效的情况下，工程已经竣工且验收合格，请问这种情况下，工程价款的问题怎么处理？

**专家解析：**

根据《最高人民法院关于审理建设工程施工合同纠纷案件适用法律问题的解释》第二条、第三条的规定，建设工程施工合同无效，但建设工程经竣工验收合格，承包人请求参照合同约定支付工程价款的，应予支持。

建设工程施工合同无效，且建设工程经竣工验收不合格的，按照以下情形分别处理：

（一）修复后的建设工程经竣工验收合格，发包人请求承包人承担修复费用的，应予支持；

（二）修复后的建设工程经竣工验收不合格，承包人请求支付工程价款的，不予支持。

因建设工程不合格造成的损失，发包人有过错的，也应承担相应的民事责任。

根据上述规定，即使建设工程施工合同无效，建设工程经过竣工验收合格的，承包人可以请求参照合同约定支付工程价款。

**专家支招：**

本案中，某市进行的河道修整工程，全部使用国有资金投资。根据《中华人民共和国招标投标法》第三条的规定，该工程属于必须进行招标的工程。同时根据《最高人民法院关于审理建设工程施工合同纠纷案件适用法律问题的解释》第一条的规定，高阔建设集团与某市签订的《建设工程施工合同》无效。但是该工程经过竣工验收合格后，高阔建设集团有权请求参照合同约定支付工程价款。

## 20.建设工程施工合同无效的情形有哪些？

**案例：**

高阔建设集团承包了某写字楼的建设工程，但是高阔建设集团不履行合同约定的权利和义务，将该工程全部转包给另一家建设公司。请问，该行为的效力如何？

**专家解析：**

根据《最高人民法院关于审理建设工程施工合同纠纷案件适用法律问题的解释》第一条的规定，建设工程施工合同具有下列情形之一的，应当根据合同法第五十二条第（五）项（有下列情形之一的，合同无效：（五）违反法律、行政法规的强制性规定）的规定，认定无效：

（一）承包人未取得建筑施工企业资质或者超越资质等级的；

（二）没有资质的实际施工人借用有资质的建筑施工企业名义的；

（三）建设工程必须进行招标而未招标或者中标无效的。

同时根据该司法解释第四条的规定，承包人非法转包、违法分包建设工程或者没有资质的实际施工人借用有资质的建筑施工企业名义与他人签订建设工程施工合同的行为无效。人民法院可以根据《民法通则》第一百三十四条规定，收缴当事人已经取得的非法所得。

也就是说，该司法解释一共规定了四类建设工程施工合同无效的情形：

一、承包人未取得建筑施工企业资质或者超越资质等级的。建筑类企业资质分为三个序列：施工总承包、专业承包和劳务承包。这三个序列按照工程性质和技术特点分别划分为若干资质类别。各资质类别按照规定的条件划分为若干资质等级。

根据《建筑业企业资质管理规定》的规定，取得施工总承包资质的企业，可以承接施工总承包工程。施工总承包企业可以对所承接的施工总承包工程内各专业工程全部自行施工，也可以将专业工程或劳务作业依法分包给具有相应资质的专业承包企业或劳务分包企业。取得专业承包资质的企业，可以承接施工总承包企业分包的专业工程和建设单位依法发包的专业工程。专业承包企业可以对所承接的专业工程全部自行施工，也可以将劳务作业依法分包给具有相应资质的劳务分包企业。取得劳务分包资质的企业，可以承接施工总承包企业或专业承包企业分包的劳务作业。

根据规定，承包人承包工程应当具备相应的资质。承包人未取得建筑施工企业资质或者超越资质等级的建设工程施工合同无效。

二、没有资质的实际施工人借用有资质的建筑施工企业名义的，这类情况主要有挂靠、变相内部承包和名义上进行联营。承包建筑工程的单位应当持有依法取得的资质证书，并在其资质等级许可的业务范围内承揽工程。禁止建筑施工企业超越本企业资质等级许可的业务范围或者以任何形式用其他建筑施工企业的名义承揽工程。禁止建筑施工企业以任何形式允许其他单位或者个人使用本企业的资质证书、营业执照，以本企业的名义承揽工程。

三、建设工程必须进行招标而未招标或者中标无效的，根据《中华人民共和国招标投标法》第三条的规定，在中华人民共和国境内进行下列工程建设项目包括项目的勘察、设计、施工、监理以及与工程建设有关的重要设备、材料等的采购，必须进行招标：

（一）大型基础设施、公用事业等关系社会公共利益、公众安全的项目；

（二）全部或者部分使用国有资金投资或者国家融资的项目；

（三）使用国际组织或者外国政府贷款、援助资金的项目。

同时根据《中华人民共和国招标投标法》的规定，中标无效的情形主要有：

1.招标代理机构违反本法规定,泄露应当保密的与招标投标活动有关的情况和资料的,或者与招标人、投标人串通损害国家利益、社会公共利益或者他人合法权益的,其行为影响中标结果的,中标无效。

2.依法必须进行招标的项目的招标人向他人透露已获取招标文件的潜在投标人的名称、数量或者可能影响公平竞争的有关招标投标的其他情况的,或者泄露标底的,其行为影响中标结果的,中标无效。

3.投标人相互串通投标或者与招标人串通投标的,投标人以向招标人或者评标委员会成员行贿的手段谋取中标的,中标无效。

4.投标人以他人名义投标或者以其他方式弄虚作假,骗取中标的,中标无效。

5.依法必须进行招标的项目,招标人违反本法规定,与投标人就投标价格、投标方案等实质性内容进行谈判的,其行为影响中标结果的,中标无效。

6. 招标人在评标委员会依法推荐的中标候选人以外确定中标人的,依法必须进行招标的项目在所有投标被评标委员会否决后自行确定中标人的,中标无效。

四、承包人非法转包、违法分包建设工程或者没有资质的实际施工人借用有资质的建筑施工企业名义与他人签订建设工程施工合同的。

非法转包是指承包单位承包建设工程后,不履行合同约定的责任和义务,将其承包的全部建设工程转包给其他单位或者将其承包的全部建设工程肢解后以分包的名义分别转包给其他单位的。

违法分包是指下列行为:

1.总承包单位将建设工程分包给不具备相应资质条件的单位的;

2.建设工程总承包合同中未有约定,又未经建设单位认可,承包单位将其承包的部分建设工程交由其他单位完成的；

3. 施工总承包单位将建设工程主体结构的施工分包给其他单位的；

4. 分包单位将其承包的建设工程再分包的。

**专家支招：**

本案中，高阔建设集团不履行合同约定的权利和义务，将该工程全部转包给另一家建设公司。根据《最高人民法院关于审理建设工程施工合同纠纷案件适用法律问题的解释》第四条的规定，承包人非法转包、违法分包建设工程或者没有资质的实际施工人借用有资质的建筑施工企业名义与他人签订建设工程施工合同的行为无效。人民法院可以根据《民法通则》第一百三十四条规定，收缴当事人已经取得的非法所得。所以高阔建设集团与他人签订建设工程施工合同的行为无效。

## 21.建筑工程施工合同法定解除的情形有哪些？

**案例：**

高阔建设集团承包建设某写字楼，与发包人签订了《建筑工程施工合同》，合同约定该工程两年完工。但是两年后，该工程仅仅完成了一半的工程量。发包人对高阔建设集团进行催告，要求其在半年内完工。但是半年后，该工程的建设进展依然缓慢，完工遥遥无期。请问，在这种情况下，发包人应该怎么办？

**专家解析：**

合同的解除，是合同有效成立后，因当事人一方或双方的意思表示，使合同关系归于消灭的行为。合同解除是合同之债终止的事由之一。合同解除是指在合同有效成立以后，当解除的条件具备时，因当事人一方或双方的意思表示，使合同自始或仅向将来消灭的行为，它也是一种法律制度。

合同的解除分为法定解除与约定解除两种：

法定解除，是指合同解除的条件由法律直接加以规定。在法定解除中，有的以适用于所有合同的条件为解除条件，有的则仅以适用于特定合同的条件为解除条件。前者为一般法定解除，后者称为特别法定解除。《中华人民共和国合同法》第九十四条规定的情形就是法定解除的情形：

（一）因不可抗力致使不能实现合同目的；

（二）在履行期限届满之前，当事人一方明确表示或者以自己的行为表明不履行主要债务；

（三）当事人一方迟延履行主要债务，经催告后在合理期限内仍未履行；

（四）当事人一方迟延履行债务或者有其他违约行为致使不能实现合同目的；

（五）法律规定的其他情形。

约定解除，是指当事人以合同形式，约定为一方或双方保留解除权的解除。其中，保留解除权的合意，称之为解约条款。解除权可以保留给当事人一方，也可以保留给当事人双方。保留解除权，可以在当事人订立合同时约定,也可以在以后另订立保留解除权的合同。

《中华人民共和国合同法》在第九十三条中对合同的约定解除作出了规定:当事人协商一致,可以解除合同。当事人可以约定一方解除合同的条件。解除合同的条件成就时,解除权人可以解除合同。

《中华人民共和国合同法》在规定了合同的法定解除和约定解除之外,还严格规定了合同解除权行使的程序。该法第九十五、九十六、九十七条规定,法律规定或者当事人约定解除权行使期限,期限届满当事人不行使的,该权利消灭。法律没有规定或者当事人没有约定解除权行使期限,经对方催告后在合理期限内不行使的,该权利消灭。

当事人一方依照本法第九十三条第二款、第九十四条的规定主张解除合同的,应当通知对方。合同自通知到达对方时解除。对方有异议的,可以请求人民法院或者仲裁机构确认解除合同的效力。法律、行政法规规定解除合同应当办理批准、登记等手续的,依照其规定。合同解除后,尚未履行的,终止履行;已经履行的,根据履行情况和合同性质,当事人可以要求恢复原状、采取其他补救措施,并有权要求赔偿损失。

而建筑工程施工合同作为一种比较特殊的合同,《最高人民法院关于审理建设工程施工合同纠纷案件适用法律问题的解释》第八条、第九条对发包人和承包人具有法定解除权的情形作出了规定:

承包人具有下列情形之一,发包人请求解除建设工程施工合同的,应予支持:

(一)明确表示或者以行为表明不履行合同主要义务的;

(二)合同约定的期限内没有完工,且在发包人催告的合理期限内仍未完工的;

(三)已经完成的建设工程质量不合格,并拒绝修复的;

（四）将承包的建设工程非法转包、违法分包的。

发包人具有下列情形之一，致使承包人无法施工，且在催告的合理期限内仍未履行相应义务，承包人请求解除建设工程施工合同的，应予支持：

（一）未按约定支付工程价款的；

（二）提供的主要建筑材料、建筑构配件和设备不符合强制性标准的；

（三）不履行合同约定的协助义务的。

同时，该司法解释对合同解除后的处理办法也作出了规定，建设工程施工合同解除后，已经完成的建设工程质量合格的，发包人应当按照约定支付相应的工程价款；已经完成的建设工程质量不合格的，参照本解释第三条规定处理。因一方违约导致合同解除的，违约方应当赔偿因此而给对方造成的损失。

**专家支招：**

本案中，高阔建设集团承包建设某写字楼，与发包人签订了《建筑工程施工合同》，在合同约定的期限内没有完工，且在发包人催告的合理期限内仍未完工。根据《最高人民法院关于审理建设工程施工合同纠纷案件适用法律问题的解释》第八条的规定，发包人可以请求解除建设工程施工合同。同时依据《最高人民法院关于审理建设工程施工合同纠纷案件适用法律问题的解释》第十条的规定，高阔建筑集团已经完工程的建设工程质量合格，发包人应该支付其相应的工程价款。但是本案中，是由于高阔建设集团的违约造成的合同解除，高阔建设集团应该赔偿因为违约给发包人造成的损失。

# 22.建设工程施工合同中的违约情形有哪些?

**案例:**

高阔建设集团承包建设某写字楼,与发包人签订了《建筑工程施工合同》,合同约定该工程两年完工,完工后十日内验收。两年后,该写字楼建设完成,符合验收条件。高阔建设集团通知发包人进行验收,发包人迟迟不验收且不支付高阔建设集团的工程费。请问,这种情况下,高阔建设集团应该怎么办?

**专家支招:**

违约责任,是指合同当事人不履行合同义务时,依法产生的法律责任。违约责任的成立要件是违约行为,没有违约行为也就不会产生违约责任。违约行为,是指债务人不履行合同义务的行为。根据《中华人民共和国合同法》、《中华人民共和国民法通则》的规定,违约行为就是"不履行合同义务或者履行合同义务不符合约定"的行为。

一般情况下,违约行为主要有以下几种:

(1)不能履行,是指债务人在客观上已经没有履行能力,或者法律禁止债务的履行;

(2)迟延履行,是指债务人能够履行,但在履行期限届满时却没有履行的现象。判断迟延履行的标准是履行期限的约定;

(3)不完全履行,是指债务人虽然履行了债务,但是履行不完全符合合同的约定；

（4）拒接履行，是指债务人对债权人表示不履行合同；

（5）债权人迟延，是指债权人对于债务人已经提供的给付，没有领受或者没有协助债务人完成给付必须的条件。

根据《中华人民共和国合同法》第一百零七条的规定，当事人一方不履行合同义务或者履行合同义务不符合约定的，应当承担继续履行、采取补救措施或者赔偿损失等违约责任。

也就是说，违约责任的承担方式一般有继续履行，赔偿损失，采取补救措施等。《中华人民共和国合同法》在第一百零八条至一百二十二条规定了承担违约责任的具体方式：

当事人一方明确表示或者以自己的行为表明不履行合同义务的，对方可以在履行期限届满之前要求其承担违约责任。

当事人一方未支付价款或者报酬的，对方可以要求其支付价款或者报酬。

当事人一方不履行非金钱债务或者履行非金钱债务不符合约定的，对方可以要求履行，但有下列情形之一的除外：

（1）法律上或者事实上不能履行；

（2）债务的标的不适于强制履行或者履行费用过高；

（3）债权人在合理期限内未要求履行。

质量不符合约定的，应当按照当事人的约定承担违约责任。对违约责任没有约定或者约定不明确，依照本法第六十一条的规定仍不能确定的，受损害方根据标的的性质以及损失的大小，可以合理选择要求对方承担修理、更换、重作、退货、减少价款或者报酬等违约责任。

当事人一方不履行合同义务或者履行合同义务不符合约定的，在履行义务或者采取补救措施后,对方还有其他损失的,应当赔偿损失。

当事人一方不履行合同义务或者履行合同义务不符合约定,给对方造成损失的,损失赔偿额应当相当于因违约所造成的损失,包括合同履行后可以获得的利益,但不得超过违反合同一方订立合同时预见到或者应当预见到的因违反合同可能造成的损失。

经营者对消费者提供商品或者服务有欺诈行为的,依照《中华人民共和国消费者权益保护法》的规定承担损害赔偿责任。

当事人可以约定一方违约时应当根据违约情况向对方支付一定数额的违约金,也可以约定因违约产生的损失赔偿额的计算方法。

约定的违约金低于造成的损失的,当事人可以请求人民法院或者仲裁机构予以增加;约定的违约金过分高于造成的损失的,当事人可以请求人民法院或者仲裁机构予以适当减少。

当事人就迟延履行约定违约金的,违约方支付违约金后,还应当履行债务。

当事人可以依照《中华人民共和国担保法》约定一方向对方给付定金作为债权的担保。债务人履行债务后,定金应当抵作价款或者收回。给付定金的一方不履行约定的债务的,无权要求返还定金;收受定金的一方不履行约定的债务的,应当双倍返还定金。

当事人既约定违约金,又约定定金的,一方违约时,对方可以选择适用违约金或者定金条款。

因不可抗力不能履行合同的,根据不可抗力的影响,部分或者全部免除责任,但法律另有规定的除外。当事人迟延履行后发生不可抗力的,不能免除责任。

本法所称不可抗力,是指不能预见、不能避免并不能克服的客观情况。

当事人一方因不可抗力不能履行合同的,应当及时通知对方,以减轻可能给对方造成的损失,并应当在合理期限内提供证明。

当事人一方违约后,对方应当采取适当措施防止损失的扩大;没有采取适当措施致使损失扩大的,不得就扩大的损失要求赔偿。

当事人因防止损失扩大而支出的合理费用,由违约方承担。

当事人双方都违反合同的,应当各自承担相应的责任。

当事人一方因第三人的原因造成违约的,应当向对方承担违约责任。当事人一方和第三人之间的纠纷,依照法律规定或者按照约定解决。

因当事人一方的违约行为,侵害对方人身、财产权益的,受损害方有权选择依照本法要求其承担违约责任或者依照其他法律要求其承担侵权责任。

在《最高人民法院关于审理建设工程施工合同纠纷案件适用法律问题的解释》等法律法规中,对建筑工程施工合同中的违约责任作了如下规定:

发包方的责任:

(1)未按合同规定的时间和要求提供原材料、设备、场地、资金、技术资料等,除工程日期必须顺延外,还应偿付承包费因此造成的实际损失。

(2)工程中途停建、缓建,应采取措施弥补或减少损失,同时赔偿承包方因此而造成的停工、窝工、倒运、机械设备调迁、材料和构件积压等损失和实际费用。

(3)由于变更计划,提供的资料不准确,或未按期提供必需的勘察、设计工作条件而造成勘察、设计的返工、停工或修改设计,按承包方实际消耗的工作量增付费用。

(4)工程未经验收,提前使用,发现质量问题,自己承担责任。

(5)超过合同规定的日期验收或支付工程费,偿付逾期的违约金。

承包方的责任:

(1)因勘察设计质量低劣或未按期提前勘察设计文件拖延工期造成损失,由勘察设计单位继续完善设计,并减收或免收勘察设计费,直至赔偿损失。

(2)工程质量不符合合同规定,发包方有权要求限期无偿修理或者返工、改建,经过修理或者返工、改建后,造成逾期交付的,承包方偿付逾期的违约金。

(3)工程交付时间不符合合同规定,偿付逾期的违约金。

合同无效或者撤销后,因该合同取得的财产,应当予以返还;不能返还或者没有必要返还的,应当折价补偿。有过错的一方应当赔偿对方因此所受到的损失,双方都有过错的应当各自承担相应的责任。

**专家支招:**

本案中,高阔建设集团承包建设某写字楼,与发包人签订了《建筑工程施工合同》,合同约定该工程两年完工,完工后十日内验收。两年后,该写字楼建设完成,符合验收条件。高阔建设集团通知发包人进行验收,发包人迟迟不验收且不支付高阔建设集团的工程费。发包人的行为属于违约行为,对此要承担相应的违约责任,需要向高阔建设集团支付逾期的违约金。

## 23.开发商销售的房屋与宣传资料不一致是否要承担违约责任?

**案例：**

小张是一个半职业的羽毛球运动员，大学毕业后他就在某健身会所担任羽毛球教练。工作两年后，小张需要购买房屋作为婚房使用。某天小张无意中看到了某楼盘的广告说"享受健身的乐趣，小区内部配套有室内羽毛球场，供小区业主免费使用"。小张被该条件吸引了，就去该楼盘购楼处签订了商品房买卖合同。可是当该楼盘交付时，小张发现开发商在广告中宣传的室内羽毛球场根本不存在。小张可以要求开发商承担违约责任吗？

**专家解析：**

根据《房地产广告发布暂行规定》的定义，房地产广告，是指房地产开发企业、房地产权利人、房地产中介服务机构发布的房地产项目预售、预租、出售、出租、项目转让以及其他房地产项目介绍的广告。本案是一个商品房广告与实际情况不符合而产生的纠纷，关于商品房广告的发布与实际情况不符合的法律后果，在《最高人民法院关于审理商品房买卖合同纠纷案件适用法律若干问题的解释》中有明确规定，该司法解释第三条规定"商品房的销售广告和宣传资料为要约邀请，但是出卖人就商品房开发规划范围内的房屋及相关设施所作的说明和允诺具体确定，并对商品房买卖合同的订立以及房屋价格的确定有重大影响的，应当视为要约。该说明和允诺即使未载入商品房买卖合同，亦应当视为合同内容，当事人违反的，应当承担违约责任。"

根据该司法解释的规定，出卖人是否要对其违反商品房的广告内容承担违约责任主要要看其发布的广告内容是否属于要约。《中华人民共和国合同法》第十四条、第十五条对要约和要约邀请给出了定义：要约是希望和他人订立合同的意思表示，该意思表示应当符合下列规定：1.内容具体确定；2.表明经受要约人承诺，要约人即受该意思表示约束。而要约邀请则是希望他人向自己发出要约的意思表示。寄送的价目表、拍卖公告、招标公告、招股说明书、商业广告等为要约邀请。

一般来说，商业广告应该属于要约邀请，故广告的发布者不应当为广告的内容受到合同法意义上的约束。但是《合同法》第十五条第二款同时规定"商业广告的内容符合要约规定的，视为要约。"而上述《最高人民法院关于审理商品房买卖合同纠纷案件适用法律若干问题的解释》中对商品房买卖过程中商业广告属于要约的范围进行了明确规定。本案中，某楼盘广告中对免费室内羽毛球场的宣传就属于出卖人就商品房开发规划范围内的房屋及相关设施所作的说明和允诺具体确定，并对商品房买卖合同的订立以及房屋价格的确定有重大影响的这一类，故应当视为要约，也应当视为合同内容。对于室内羽毛球场没有实际建设一事，开发商违反了合同约定，应当属于违约行为。

**专家支招：**

本案中，小张可以要求开发商承担违约责任。根据《合同法》第一百零七条的规定，当事人一方不履行合同义务或者履行合同义务不符合约定的，应当承担继续履行、采取补救措施或者赔偿损失等违约责任。

本案中,如果还有条件建设羽毛球场,小张可以要求开发商继续履行,也就是要求开发商建设室内羽毛球场。另外,小张也可以要求开发商以支付违约金等形式承担违约责任。

## 24.商品房买卖合同没有成立时定金怎么处理?

**案例:**

某日,小张与高阔房地产公司售楼处的工作人员约定购买高阔房地产公司开发的商品房一套,该房屋面积100平方米,每平方米价格5000元。同时约定小张先预付定金30000元,在支付定金后10日内签订商品房买卖合同,剩余房款于双方签订正式的商品房买卖合同时付清。小张在支付了30000元定金以后,多次要求高阔房地产公司与其签订并履行商品房买卖合同,但是高阔房地产公司的工作人员以各种理由推诿。现双方约定的10日期限已满,小张应该怎么主张权利?

**专家解析:**

定金,是指合同当事人为了确保合同的履行,依据法律的规定或者当事人双方的约定,由当事人一方在合同订立时,或者订立后、履行前,按合同标的额的一定比例,预先给付对方当事人的金钱或者其他代替物。具体到商品房销售合同,定金是商品房销售合同双方当事人为确保合同的履行,依据法律和合同的规定,由购房人按照合同标的额的一定比例预先给付房地产开发商的金钱。

我国现行法承认五类定金，分别是：

（1）成约定金，即作为合同成立要件的定金，也就是说，定金交付，合同才成立。

（2）证约定金，即以定金作为订立合同的证据，也就是说，定金不是合同成立的要件，只是为了证明合同成立。

（3）违约定金，即如果交付定金的当事人不履行债务，接受定金的当事人可以没收定金。

（4）解约定金，即以定金为代价从而保留合同的解除权，也就是说，交付定金的当事人可以抛弃定金解除合同，而接受定金的当事人也可以双倍返还定金来解除合同。

（5）立约定金，即为了保证主合同的订立而交付的定金。

不同种类的定金的效力也是不同的。成约定金的交付与否关系到主合同的成立与否，不发生定金罚则的效力，同时根据《最高人民法院关于适用〈中华人民共和国担保法〉若干问题的解释》（以后简称《担保法解释》）第一百一十六条的规定，当事人约定以交付定金作为主合同成立或者生效要件的，给付定金的一方未支付定金，但主合同已经履行或者已经履行主要部分的，不影响主合同的成立或者生效。证约定金的效力在于证明合同成立，也不具有罚则的效力。解约定金的效力由《担保法解释》第一百一十七条规定，定金交付后，交付定金的一方可以按照合同的约定以丧失定金为代价而解除主合同，收受定金的一方可以双倍返还定金为代价而解除主合同。对解除主合同后责任的处理，适用《中华人民共和国合同法》的规定。而立约定金的效力则由《担保法解释》第一百一十五条规定，当事人约定以交付定金作为订立主合同担保的,给付定金的一方拒绝订立主合同的,无权要求返还定金;收受定金的一方拒绝订立合同的,应当双倍返还定金。而违约定金是生活中最常见的定金种类,违约定金的一般情形由《中华人民共和国担保法》第八十九条规定,当事人可以约定一方向对方给付定金作为债权的担保。债务人履行债务后,定金应当抵作价款或者收回。给付定金的一方不履行约定的债务的,无权要求返还定金;收受定金的一方不履行约定的债务的,应当双倍返还定金。但是该法律条文仅仅规定了合同一方当事人不履行约定的情形,在逾期履行,不完全履行的情形下,应当按照《担保法解释》第一百二十条的规定处理,因当事人一方迟延履行或者其他违约行为,致使合同目的不能实现,可以适用定金罚则。但法律另有规定或者当事人另有约定的除外。当事人一方不完全履行合同的,应当按照未履行部分所占合同约定内容的比例,适用定金罚则。另外,《担保法解释》第一百二十二条同时规定了"因不可抗力、意外事件致使主合同不能履行的,不适用定金罚则。因合同关系以外第三人的过错,致使主合同不能履行的,适用定金罚则。受定金处罚的一方当事人,可以依法向第三人追偿。"也就是说,定金罚则的生效以存在可归责于当事人的事由为要件。

另外值得注意的是,当事人约定的定金数额不能超过主合同标的额的百分之二十,根据《担保法解释》第一百二十一条的规定,当事人约定的定金数额超过主合同标的额百分之二十的,超过的部分,人民法院不予支持。

而本案中,小张的交付的定金显然是属于立约定金。小张可以根据立约定金的效果来主张自己的合法权利。

**专家支招：**

本案中,小张可以依据《最高人民法院关于适用〈中华人民共和国担保法〉若干问题的解释》第一百一十五条的规定,当事人约定以交付定金作为订立主合同担保的,给付定金的一方拒绝订立主合同的,无权要求返还定金;收受定金的一方拒绝订立合同的,应当双倍返还定金。要求高阔房地产公司双倍返还定金,也就是 60000 元。

## 25.房地产开发公司一房二卖导致买受人无法取得房屋的,应当承担何种法律责任?

**案例：**

某日,小张去高阔房地产公司开发的某楼盘售楼处,要求购买位于该楼盘的一套房屋。随后,双方签订了商品房销售合同,小张当即支付了 500000 元的购房款,同时双方约定,高阔房地产公司在合同签订后一个月内向小张交付房屋。但是在一个月后,高阔房地产公司以种种理由拒绝交付房屋。经过查证,小张发现,由于该处房屋价格大涨,该处房屋已经被高阔房地产公司另行出售给了他人,并且办理了产权登记手续。在这种情况下,小张应当怎么办?

**专家解析：**

在商品房买卖纠纷中,常常出现一些开发商利用其强势地位,恶意欺诈和故意违约的行为。为了制裁开发商这种恶意行为,《最高人民法院关于审理商品房买卖合同纠纷案件适用法律若干问题的解释》第八条规定,具有下列情形之一的,导致商品房买卖合同目的不能实现的,无法取得房屋的买受人可以请求解除合同、返还已付购房款及利息、赔偿损失,并可以请求出卖人承担不超过已付购房款一倍的赔偿责任:(一)商品房买卖合同订立后,出卖人未告知买受人又将该房屋抵押给第三人;(二)商品房买卖合同订立后,出卖人又将该房屋出卖给第三人。第九条规定,出卖人订立商品房买卖合同时,具有下列情形之一,导致合同无效或者被撤销、解除的,买受人可以请求返还已付购房款及利息、赔偿损失,并可以请求出卖人承担不超过已付购房款一倍的赔偿责任:(一)故意隐瞒没有取得商品房预售许可证明的事实或者提供虚假商品房预售许可证明;(二)故意隐瞒所售房屋已经抵押的事实;(三)故意隐瞒所售房屋已经出卖给第三人或者为拆迁补偿安置房屋的事实。上述司法解释规定了五种可以请求出卖人承担不超过已付购房款一倍的赔偿责任的情形。

但是,也并非只要开发商有一房二卖的违约行为,就可以使用双倍赔偿的:开发商如果是由于疏忽大意的过失而并不存在恶意的情况下一房二卖,那么就不适用一房二卖。另外,房屋的先买方和后买方也不能同时行使双倍赔偿请求权。

**专家支招:**

本案中,高阔房地产公司是因为房产价格大涨而将房屋另行出卖给第三人的,显然是存在恶意的。因此小张可以依据《最高人民法院关于审理商品房买卖合同纠纷案件适用法律若干问题的解释》第八条的规定,请求解除合同、返还已付购房款及利息、赔偿损失,并可以请求高阔房地产公司承担不超过已付购房款一倍的赔偿责任。

## 26.开发商逾期办证应该承担违约责任吗?

**案例:**

某日,小王在高阔房地产公司售楼处购买了一处房屋,双方签订了正式的《商品房买卖合同》,随后,小王支付了合同约定的购房款60万元。合同约定:因出卖人的责任,买受人不能在房屋交付使用后8个月内取得房地产权属证书的,出卖人按已付房价款0.1%向买受人支付违约金。但是,高阔房地产公司在把房屋交付给小王8个月以后,迟迟没能办妥小王所购商品房的房屋产权证。在这种情况下,小王该怎么办?

**专家解析:**

购房者在购买房屋后,必须取得房产证才能获得法律上的认可,才能充分的行使其占有、使用、收益、处分等权利。但是在现实生活中经常会出现购房者因为开发商的原因迟迟不能取得房产证的情况。

《最高人民法院关于审理商品房买卖合同纠纷案件适用法律若干问题的解释》第十八条规定,由于出卖人的原因,买受人在下列期限届满未能取得房屋权属证书的,除当事人有特殊约定外,出卖人应当承担违约责任:(一)商品房买卖合同约定的办理房屋所有权登记的期限;(二)商品房买卖合同的标的物为尚未建成房屋的,自房屋交付使用之日起90日;(三)商品房买卖合同的标的物为已竣工房屋的,自合同订立之日起90日。合同没有约定违约金或者损失数额难以确定的,可以按照已付购房款总额，参照中国人民银行规定的金融机构计收逾期贷款利息的标准计算。第十九条规定,商品房买卖合同约定或者《城市房地产开发经营管理条例》第三十三条(预售商品房的购买人应当自商品房交付使用之日起90日内,办理土地使用权变更和房屋所有权登记手续;现售商品房的购买人自销售合同签订之日起90日内,办理土地使用权变更和房屋所有权登记手续。房地产开发企业应当协助商品房购买人办理土地使用权变更和房屋所有权登记手续，并提供必要的证明文件)规定的办理房屋所有权登记的期限届满后超过一年,由于出卖人的原因,导致买受人无法办理房屋所有权登记,买受人请求解除合同和赔偿损失的,应予支持。

由此可见,开发商逾期办证有三种违约责任:

(1)开发商违反合同约定的违约责任。如果在开发商与购买者签订的商品房买卖合同中直接约定了办证期限，开发商逾期办证需要承担合同约定的违约责任。本案中,小王和高阔房地产公司之间发生的纠纷就属于这一种情形。

(2)商品房买卖合同的标的物为尚未建成房屋的,自房屋交付使用之日起90日;商品房买卖合同的标的物为已竣工房屋的,自合同订立之日起90日。开发商逾期办证的,也需要承担违约责任。如果违约责任在合同中约定的,从约定。没有约定但是可以确定购买者实际损失的,按照实际损失计算。没有约定且实际损失难以计算的,按照已付购房款总额,参照中国人民银行规定的金融机构计收逾期贷款利息的标准计算。

(3)开发商逾期办证超过一年的,由于开发商的原因,导致买受人无法办理房屋所有权登记,买受人可以请求解除合同和赔偿损失。

**专家支招：**

本案中，小王可以要求高阔房地产公司尽快为其办理房产证，并且要求高阔房地产公司按照合同约定承担违约责任。如果是因为高阔房地产公司的原因逾期办证超过一年的，小王可以请求解除合同，并且要求高阔房地产公司赔偿损失。

## 27.没有取得商品房预售许可证预售房屋的，商品房预售合同的效果如何？

**案例：**

某日，小何与高阔房地产公司签订了一份《商品房预售合同》，约定高阔房地产公司将其开发的一套房屋出售给小何，购房款为 70 万元。小何依照约定支付了全部购房款。后来小何得知在签订《商品房预售合同》的时候，高阔房地产公司故意隐瞒没有取得商品房预售许可证，并且至今仍未取得。在这种情况下，小何应该怎么办？

**专家解析：**

商品房预售是商品房交易中一种常见的形式，就是日常生活中所说的"期房销售"。具体是指房地产开发企业将正在建设中的房屋预先出售给承购人，由承购人支付定金或房价款的行为。

一个房地产开发项目往往需要大量的资金，房地产开发公司也往往需要有雄厚的经济和技术支持，国家对于房地产开发企业的主体资格也有着明确的规定。《中华人民共和国城市房地产管理法》第三十条规定：房地产开发企业是以营利为目的，从事房地产开发和经营的企业。设立房地产开发企业，应当具备下列条件：(一)有自己的名称和组织机构；(二)有固定的经营场所；(三)有符合国务院规定的注册资本；(四)有足够的专业技术人员；(五)法律、行政法规规定的其他条件。设立房地产开发企业，应当向工商行政管理部门申请设立登记。工商行政管理部门对符合本法规定条件的，应当予以登记，发给营业执照；对不符合本法规定条件的，不予登记。设立有限责任公司、股份有限公司，从事房地产开发经营的，还应当执行公司法的有关规定。房地产开发企业在领取营业执照后的一个月内，应当到登记机关所在地的县级以上地方人民政府规定的部门备案。

一个企业在具备了房地产开发的资格以后，预售房屋还应当符合一些其他的条件。《中华人民共和国城市房地产管理法》第四十五条规定，商品房预售，应当符合下列条件：(一)已交付全部土地使用权出让金，取得土地使用权证书；(二)持有建设工程规划许可证；(三)按提供预售的商品房计算，投入开发建设的资金达到工程建设总投资的25%以上，并已经确定施工进度和竣工交付日期；(四)向县级以上人民政府房产管理部门办理预售登记，取得商品房预售许可证明。商品房预售人应当按照国家有关规定将预售合同报县级以上人民政府房产管理部门和土地管理部门登记备案。商品房预售所得款项，必须用于有关的工程建设。《城市商品房预售管理办法》也对上述的条件有着相同的规定。

一个企业，在具备了上述的条件以后，才可以对商品房进行预售。那么，针对企业在没有取得商品房预售许可证明的情况下就进行商品房预售的行为，法律又是怎么规定的呢？

《最高人民法院关于审理商品房买卖合同纠纷案件适用法律若干问题的解释》第二条规定，出卖人未取得商品房预售许可证明，与买受人订立的商品房预售合同,应当认定无效,但是在起诉前取得商品房预售许可证明的,可以认定有效。同时该司法解释的第九条也规定了商品房开发企业没能取得商品房预售许可证明而预售房屋导致合同无效的法律责任。出卖人订立商品房买卖合同时,具有下列情形之一,导致合同无效或者被撤销、解除的,买受人可以请求返还已付购房款及利息、赔偿损失,并可以请求出卖人承担不超过已付购房款一倍的赔偿责任:(一)故意隐瞒没有取得商品房预售许可证明的事实或者提供虚假商品房预售许可证明;(二)故意隐瞒所售房屋已经抵押的事实;(三)故意隐瞒所售房屋已经出卖给第三人或者为拆迁补偿安置房屋的事实。

**专家支招:**

　　本案中,高阔房地产公司故意隐瞒没有取得商品房预售许可证明的事实,与小何签订了《商品房预售合同》,且至今仍然没有取得商品房预售许可证明。可以认定《商品房预售合同》无效,小何可以要求高阔房地产公司返还已付购房款及利息、赔偿损失,并承担不超过已付购房款一倍的赔偿责任。

## 28.商品房实际面积与约定面积不一致怎么办?

**案例:**

　　某日,小张同高阔房地产公司签订了《商品房预售合同》。约定小张向高阔房地产公司购买其开发的房屋一套,合同约定该套房屋面积为110平方米,产权登记面积大于合同约定的面积时,面积误差比在3%以内(含 3%)部分的房价款由小张补足,超出 3%的由高阔房地产公司承担,产权归小张;产权登记面积小于合同约定面积时,由高阔房地产公司退还该部分面积的购房款。一年后,该房屋建成交付。小张发现,该房屋的产权登记面积只有 100 平方米。在这种情况下,小张应该怎么办?

**专家解析:**

随着我国城市化进程的飞速发展,城市房地产销售市场也异常火暴。实践中关于房屋产权登记面积与约定面积有较大误差的纠纷也经常出现。

对于这种现象,《最高人民法院关于审理商品房买卖合同纠纷案件适用法律若干问题的解释》第十四条规定,出卖人交付使用的房屋套内建筑面积或者建筑面积与商品房买卖合同约定面积不符,合同有约定的,按照约定处理;合同没有约定或者约定不明确的,按照以下原则处理:

(一)面积误差比绝对值在 3%以内(含 3%),按照合同约定的价格据实结算,买受人请求解除合同的,不予支持;

(二)面积误差比绝对值超出 3%,买受人请求解除合同、返还已付购房款及利息的,应予支持。买受人同意继续履行合同,房屋实际面积大于合同约定面积的,面积误差比在 3%以内(含 3%)部分的房价款由买受人按照约定的价格补足,面积误差比超出 3%部分的房价款由出卖人承担,所有权归买受人;房屋实际面积小于合同约定面积的,面积误差比在 3%以内(含 3%)部分的房价款及利息由出卖人返还买受人,面积误差比超过 3%部分的房价款由出卖人双倍返还买受人。

但是实践中的房地产开发企业往往是采用本案中高阔房地产公司

的办法,在合同中简单的约定"多退少补"。这实际上是对面积误差比绝对值超出 3%,买受人对合同解除权的不执行。这样的条款是开发商利用其强势地位,设立的一种显失公平的霸王条款,违反了民事法律的公平原则和诚信原则。购房者可以请求法院予以变更或撤销。

**专家支招:**

本案中,高阔房地产公司与小张签订的《商品房预售合同》中关于面积误差的条款显示公平,小张可以请求法院予以变更或撤销。小张购买房屋的实际面积小于约定面积,且面积误差比绝对值超出 3%,根据《最高人民法院关于审理商品房买卖合同纠纷案件适用法律若干问题的解释》的规定,小张可以要求解除合同、返还已付购房款及利息,也可以要求高阔房地产公司返还面积误差比在 3%以内(含 3%)部分的房价款及利息,同时双倍返还面积误差比超过 3%部分的房价款。

## 29.房地产开发公司擅自更改房屋设计应该怎么办?

**案例:**

某日,小王同高阔房地产公司签订了《商品房预售合同》。约定小王向高阔房地产公司购买其开发的房屋一套,合同约定,小王购买的房屋位于 32 层,该房屋所在的楼共有 33 层。一年以后,高阔房地产公司向小王交付了房屋,小王却发现该楼共建有 34 层,小王认为该变动影响了自己的权益。在这种情况下,小王应该怎么办?

**专家解析：**

买受人购买的房屋所在的楼从约定的 33 层变为 34 层，是否影响了买受人的合法权益呢？答案显然是肯定的，开发商未经买受人的同意擅自加层的行为，必然会给买受人在水电、中央空调、电梯等方面的使用带来负面影响，也可能会影响买受人所购买的房屋的采光问题、减少人均公共绿地面积等，甚至影响整栋楼的抗震性。

根据《商品房销售管理办法》第二十四条的规定，房地产开发企业应当按照批准的规划、设计建设商品房。商品房销售后，房地产开发企业不得擅自变更规划、设计。

经规划部门批准的规划变更、设计单位同意的设计变更导致商品房的结构型式、户型、空间尺寸、朝向变化，以及出现合同当事人约定的其他影响商品房质量或者使用功能情形的，房地产开发企业应当在变更确立之日起 10 日内，书面通知买受人。

买受人有权在通知到达之日起 15 日内做出是否退房的书面答复。买受人在通知到达之日起 15 日内未作书面答复的，视同接受规划、设计变更以及由此引起的房价款的变更。房地产开发企业未在规定时限内通知买受人的，买受人有权退房；买受人退房的，由房地产开发企业承担违约责任。

上述法规规定了房地产开发企业未在规定时限内通知买受人其变更商品房规划、设计的，买受人有权退房。但是该法规没有规定买受人在这种情况下不选择退房时权益该如何保护。因为《商品房买卖合同》也是合同的一种，当然应该受到《中华人民共和国合同法》的约束。《中华人民共和国合同法》第一百一十三条第一款规定，当事人一方不履行合同义务或者履行合同义务不符合约定，给对方造成损失的，损失赔偿额应当相当于因违约所造成的损失,包括合同履行后可以获得的利益,但不得超过违反合同一方订立合同时预见到或者应当预见到的因违反合同可能造成的损失。所以,房屋买受人在不选择退房的情况下也可以要求房地产开发公司支付赔偿款。

**专家支招:**

本案中,小王可以依据《商品房销售管理办法》第二十四条的规定,选择退房,并要求高阔房地产公司承担违约责任。如果小王不选择退房,可以以高阔房地产公司履行合同义务不符合约定为由,依据《中华人民共和国合同法》第一百一十三条的规定,要求高阔房地产公司赔偿因高阔房地产公司违约而造成的损失。

## 30.出卖人逾期交房的,买受人该怎么办?

**案例:**

某日,小傅与高阔房地产开发公司签订了《商品房预售合同》,合同约定小傅向高阔房地产公司购买其开发的商品房一套。合同还约定,房屋总价款 60 万元,高阔房地产公司一年内向小傅交付该房屋,随即小傅就付清了全部购房款。可是一年后,高阔房地产公司迟迟不向小傅交付该房屋,这种情况下,小傅该怎么办?

**专家解析:**

实践中,经常可以遇到开发商逾期交房的情况发生。造成这种现象出现的原因有很多,但是资金情况是其主要原因。开放房地产项目需要相当多的资金投入,一旦开发商资金出现短缺,那么房地产建设的进度就将被推迟,从而造成了开发商逾期交房的现象。

开发商逾期交房往往将给购房人带来许多的困扰,比如现在很多人购买房屋是为了作为婚房使用,一旦开发商逾期交房,将会延迟婚期。有些人在入住所购房屋前,一直租房居住,开发商逾期交房,也往往会增加他们的租房成本。所以,开发商必须要赔偿其逾期交房的行为给购房人带来的损失。

开发商逾期交房的行为也就是属于《中华人民共和国合同法》中规定的迟延履行主要债务的行为。对于该行为,《中华人民共和国合同法》第九十四条规定,有下列情形之一的,当事人可以解除合同:

(一)因不可抗力致使不能实现合同目的;

(二)在履行期限届满之前,当事人一方明确表示或者以自己的行为表明不履行主要债务;

(三)当事人一方迟延履行主要债务,经催告后在合理期限内仍未履行;

(四)当事人一方迟延履行债务或者有其他违约行为致使不能实现合同目的;

(五)法律规定的其他情形。

由此可见,在经催告后在合理期限内开发商仍未交付房屋,购房者是可以解除合同的,同时《最高人民法院关于审理商品房买卖合同纠纷案件适用法律若干问题的解释》第十五条规定,根据《合同法》第九十四条的规定,出卖人迟延交付房屋或者买受人迟延支付购房款,经催告后在三个月的合理期限内仍未履行,当事人一方请求解除合同的,应予支持,但当事人另有约定的除外。法律没有规定或者当事人没有约定,经对方当事人催告后,解除权行使的合理期限为三个月。对方当事人没有催告的,解除权应当在解除权发生之日起一年内行使;逾期不行使的,解除权消灭。第十七条规定,商品房买卖合同没有约定违约金数额或者损失赔偿额计算方法,违约金数额或者损失赔偿额可以参照以下标准确定:逾期付款的,按照未付购房款总额,参照中国人民银行规定的金融机构计收逾期贷款利息的标准计算。逾期交付使用房屋的,按照逾期交付使用房屋期间有关主管部门公布或者有资格的房地产评估机构评定的同地段同类房屋租金标准确定。

以上法律法规明确规定了开发商逾期交房的法律责任,也是法律法规对购房者合法权益的保护。

**专家支招:**

本案中,小傅可以向高阔房地产公司催告,要求高阔房地产公司交付房屋,如果高阔房地产公司在3个月内的合理期限内仍未交付的,小傅可以主张解除合同,同时依据《中华人民共和国合同法》的规定要求高阔房地产公司赔偿因其逾期交房造成的损失。如果高阔房地产公司延期交房未超过合理期限,或者小傅不解除合同的,小傅可以要求高阔房地产公司按照逾期交付使用房屋期间有关主管部门公布或者有资格的房地产评估机构评定的同地段同类房屋租金标准支付违约金或赔偿金。

## 31.因为不可抗力导致商品房不能交付时怎么办?

**案例:**

某日,小李与高阔房地产公司签订了《商品房预售合同》,合同约定高阔房地产公司在一年内向小李交付其所购买的房屋。眼看一年即将到期,高阔房地产公司也准备向小李交付该房屋。可是天有不测风云,该房屋所在城市不幸发生了地震,该房屋所在的楼宇也在地震中倒塌。在这种情况下,小李应该怎么办?

**专家解析:**

实践中,合同双方当事人签订合同后,有时候会发生一些无法预见、无法避免、无法控制、无法克服的意外事件(如战争、国家政策改制等)或自然灾害(如地震、火灾、水灾等),以致合同当事人不能依约履行职责或不能如期履行职责,这种情况就是不可抗力。

对于不可抗力,《中华人民共和国民法通则》在第一百五十三条给出了定义:本法所称的"不可抗力",是指不能预见、不能避免并不能克服的客观情况。而《中华人民共和国合同法》第一百一十七条第二款对此给出了同样的定义。

从上面的定义可以看出,构成不可抗力至少要具备三个条件:不能预见、不能避免和不能克服。

不能预见,是指合同双方当事人在订立合同时,对这个事件是否会发生是不可能预见到的。这里的不可能预见一般需要考虑当事人的年龄、智力发育状况、知识水平,教育和技术能力等,结合在相同的情况下,一般智力水平的正常人是否能够预见到来判断。

不能避免,是指就算当事人对可能出现的意外情况采取及时合理的措施,但客观上仍然不能阻止这一意外情况的发生,这就是不可避免的。不可抗力不会因为当事人采取的措施而避免。

不能克服,是指当事人对意外事件造成的损失不能克服,不可能因为当事人作出的努力而避免损失。

如果一件意外事件对于合同的履行属于不可抗力,那么就可以构成法律意义上的免责条款。《中华人民共和国合同法》第九十四条规定,有下列情形之一的,当事人可以解除合同:(一)因不可抗力致使不能实现合同目的;(二)在履行期限届满之前,当事人一方明确表示或者以自己的行为表明不履行主要债务;(三)当事人一方迟延履行主要债务,经催告后在合理期限内仍未履行;(四)当事人一方迟延履行债务或者有其他违约行为致使不能实现合同目的;(五)法律规定的其他情形。第一百一十七条第一款规定,因不可抗力不能履行合同的,根据不可抗力的影响,部分或者全部免除责任,但法律另有规定的除外。当事人迟延履行后发生不可抗力的,不能免除责任。第一百一十八条规定,当事人一方因不可抗力不能履行合同的,应当及时通知对方,以减轻可能给对方造成的损失,并应当在合理期限内提供证明。

上述法律规定明确了发生不可抗力时合同双方当事人的权利,也就是合同解除权。但是值得注意的是,如果不可抗力是在当事人迟延履行期间发生的,那么就不能免除迟延履行方的责任。同时因不可抗力不能履行合同的一方应当及时通知对方并在合理期限内提供证明。

**专家支招：**

本案中，地震的发生明显符合不能预见、不能避免和不能克服的要件，属于不可抗力。同时高阔房地产公司并没有迟延履行交付商品房的行为。而且地震造成了小李购买的房屋所在的楼宇整体倒塌，高阔房地产公司完全不能履行合同。所以小李和高阔房地产公司签订的《商品房预售合同》可以解除，高阔房地产公司返还小李已经支付的购房款。

## 32.在符合交房条件的情况下，买受人逾期收房的，逾期收房期间发生意外造成房屋毁损的，相应的损失由谁承担？

**案例：**

小王与高阔房地产公司签订了《商品房预售合同》，合同约定小王向高阔房地产公司购买其所开发的房屋一套，一年内高阔房地产公司向小王交付房屋。一年后，高阔房地产公司通知小王，房屋已经具备全部交付条件，欲向小王交付房屋，可是小王无故迟迟不领受房屋。在小王逾期收房期间，房屋因火灾发生了毁损。在这种情况下，房屋毁损的损失应当由谁承担？

**专家解析：**

本案例中涉及的法律问题是买卖合同中的风险承担问题。买卖标的物的风险承担又被称为风险负担。是指在合同订立后标的物非因任何一方当事人责任而发生的毁损、灭失从而造成的损失由何方承担。对于标的物风险的承担,合同当事人可以在合同中约定。当事人没有约定的,依据《中华人民共和国合同法》的相关规定处理。

《中华人民共和国合同法》对买卖合同中的风险承担问题作出了详细的规定,依照以下原则确定风险承担:

(1)除法律另有规定外,标的物毁损、灭失的风险依标的物的交付而转移,即在交付之前由出卖人承担,交付之后由买受人承担(《合同法》第一百四十二条)。

(2)因买受人的原因致使标的物不能按照约定的期限交付的,自约定交付之日起标的物毁损、灭失的风险转移给买受人承担(《合同法》第一百四十三条)。

(3)出卖人出卖交由承运人运输的尚在运输途中的标的物的,标的物毁损、灭失的风险字合同成立时起由买受人承担(《合同法》第一百四十四条)。

(4)当事人没有约定交付地点或者约定不明确,依照《合同法》第一百四十一条第二款第一项的规定(标的物需要运输的,出卖人应当将标的物交付给第一承运人以运交给买受人),标的物需要运输的,出卖人将标的物交付给第一承运人后,标的物毁损、灭失的风险由买受人承担(《合同法》第一百四十五条)。

(5)按照约定或者依照《合同法》第一百四十一条第二款第二项的规定(标的物不需要运输,出卖人和买受人订立合同时知道标的物在某一地点的,出卖人应当在该地点交付标的物;不知道标的物在某一地点的,应当在出卖人订立合同时的营业地交付标的物),将标的物置于交付地点,买受人违反约定没有收取的,标的物毁损、灭失的风险自违反约定之日起由买受人承担(《合同法》第一百四十六条)。

(6)因标的物质量不符合质量要求,致使不能实现合同目的的,买受人可以拒绝接受标的物或者解除合同。买受人拒绝接受标的物或者解除合同的,标的物毁损、灭失的风险由出卖人承担(《合同法》第一百四十八条)。

(7)但是标的物毁损、灭失的风险转移为买受人承担的,并不意味着出卖人的交付符合法律规定或合同约定,不影响因出卖人履行债务不符合约定,买受人要求其承担违约责任的权利(《合同法》第一百四十九条)。例如《合同法》第一百四十七条规定,出卖人按照约定未交付有关标的物的单证和资料的,不影响标的物毁损、灭失风险的转移。但是在这里出卖人仍然应当承担未交付有关标的物的单证和资料的违约责任。

商品房买卖合同也属于买卖合同的一种,上述关于风险承担的规定显然也是适用于商品房买卖合同的。

**专家支招:**

本案中,高阔房地产公司在合同约定的期限内按约向小王交付房屋,小王却无故不领受房屋。在小王逾期收房的期间内,房屋因为发生了火灾造成了毁损。根据《中华人民共和国合同法》第一百四十三条的规定,因买受人的原因致使标的物不能按照约定的期限交付的,自约定交付之日起标的物毁损、灭失的风险转移给买受人承担。因此,小王要承担房屋毁损造成的损失。

在此需要提醒买房人的是,如果开发商交付的房屋仅仅存在轻微的质量问题,不足以构成买房人拒绝收房的理由,且在合同没有明确约定房屋轻微质量问题可以拒绝接受房屋的前提下,买房人无权拒接收房。买房人如拒绝收房，视为开发商已交付房屋，房屋毁损灭失的风险应由买房人承担。

## 33.商品房出现质量问题，买房人应该怎么办？

**案例：**

小张购买了高阔房地产公司开发的商品房一套。该房屋交付后小张就发现该房屋有多处质量问题，如屋面防水工程不合格、上下水管线的安装也存在重大问题、供冷供热系统也没有办法使用。小张认为该处房屋完全没有办法居住，在这种情况下，小张应该怎么办？

**专家解析：**

取得符合质量标准的房屋，是买房人应有的权利，开发商也应该保证商品房符合合同约定的质量标准。而一般情况下，开发商与买房人订立的商品房买卖合同中都会包含房屋质量条款。当房屋交付以后出现质量问题，合同有约定的，开发商按照约定承担违约责任，合同没有约定的，开发商依照法律规定承担责任。

根据《最高人民法院关于审理商品房买卖合同纠纷案件适用法律若干问题的解释》第十三条规定，因房屋质量问题严重影响正常居住使用，买受人请求解除合同和赔偿损失的，应予支持。交付使用的房屋存在质量问题，在保修期内，出卖人应当承担修复责任；出卖人拒绝修复或者在合理期限内拖延修复的，买受人可以自行或者委托他人修复。修复费用及修复期间造成的其他损失由出卖人承担。

这就是说,只有证明房屋质量问题严重影响正常居住使用的,买受人才可以请求解除合同和赔偿损失。一般情况下,这里的影响正常居住使用的质量问题是指:(1)商品房的主体结构不合格;(2)商品房的地基基础工程不合格;(3)屋面防水工程及其他土建工程不合格,一般包括地面、楼面工程,门窗工程等;(4)电气管线、上下水管线的安装工程不合格;(5)供冷、供热系统工程不合格等。

当上述情况出现,且严重影响了购房者的正常居住。购房者有权要求退房和赔偿损失。另外,商品房出现了其他质量问题的情况下,也可以根据以下办法处理:

(1)出现的质量问题没有影响房屋的使用及安全,且对房屋价值没有影响的,可以采取修理的办法消除质量问题,修理的费用应当由出卖人承担。

(2)交付使用的房屋存在质量问题但没有达到严重影响正常使用程度的,在保修期内,出卖人应当承担修复责任;出卖人拒绝修复或者在合理期限内拖延修复的,买受人可以自行或者委托他人修复。修复费用及修复期间造成的其他损失由出卖人承担。

(3)如果出卖人在出卖商品房之前明确告知了买房人商品房存在房屋质量问题的,视为买受人接受瑕疵,出卖人对该瑕疵不承担责任。

(4)合同双方当事人对商品房质量问题有约定的,从约定。

同时值得注意的是,质量问题必须发生在保修期内,如已超过保修期,开发商不承担修复或赔偿责任,买房人也无权解除合同。

**专家支招:**

本案中,小张所购买的商品房出现了屋面防水工程不合格、上下水管线的安装存在重大问题、供冷供热系统没有办法使用等多处质量问题。如果这些问题可以修复，且没有达到严重影响正常居住使用的程度。那么小张可以要求开发商修复，如果高阔房地产公司拒绝修复或者在合理期限内拖延修复的，小张可以自行修复或者委托他人修复并要求高阔房地产公司承担修复费用及修复期间造成的其他损失。如果这些质量问题已经严重影响小张正常的居住使用，小张有权要求解除合同，并要求高阔房地产公司赔偿损失。

## 34.购买的商品房存在噪声污染怎么办?

**案例:**

某日,小张与高阔房地产公司签订了一份《商品房买卖合同》,合同约定,小张向高阔房地产公司购买其开发的商品房一套,小张入住以后发现,该房屋临近高架桥,来自高架桥的噪声昼夜不绝。小张出现了身体不适的症状。为此,小张向该市环境监测中心提出申请,对其房屋的噪声进行检验。几天后,该市环境监测中心作出鉴定:该套房屋昼间的噪声达3～4类标准,夜间均为超4类标准。小张认为,高阔房地产公司向自己出售的该套房屋完全不适合居住。在这种情况下,小张应该怎么办?

**专家解析:**

随着我国社会经济的发展，交通拥堵问题成为了大中城市普遍遇到的难题。为了改善交通拥堵的状况,各地普遍新建高架桥、高速公路、城市轨道交通等交通工程。但是这些工程也引发了许多商品房噪声污染的问题,处理居住环境与交通噪声污染之间的矛盾也成为一个不容回避的问题。

环境噪声污染是指超过国家规定的噪声排放标准,干扰他人正常生活、工作和学习的噪声排放现象称为环境噪声污染。商品房噪声污染纠纷案件是指商品房的购买人因为购买的商品房受到噪声污染而影响到购房人正常居住生活而产生纠纷的案件。

噪声污染的主要来源就是交通运输、车辆鸣笛、工业噪音、建筑噪音、社会噪音等。根据《中华人民共和国环境噪声污染防治法》对城市环境噪声标准的规定,城市 5 类环境噪声标准值如下:

| 类别 | 昼间 | 夜间 |
| --- | --- | --- |
| 0 类 | 50 分贝 | 40 分贝 |
| 1 类 | 55 分贝 | 45 分贝 |
| 2 类 | 60 分贝 | 50 分贝 |
| 3 类 | 65 分贝 | 55 分贝 |
| 4 类 | 70 分贝 | 55 分贝 |

其中各类标准的适用区域如下:

0 类标准适用于疗养区、高级别墅区、高级宾馆区等特别需要安静的区域。位于城郊和乡村的这一类区域分别按严于 0 类标准 5 分贝执行。

1 类标准适用于以居住、文教机关为主的区域。乡村居住环境可参照执行该类标准。

2 类标准适用于居住、商业、工业混杂区。

3类标准适用于工业区。

4类标准适用于城市中的道路交通干线道路两侧区域,穿越城区的内河航道两侧区域。穿越城区的铁路主、次干线两侧区域的背景噪声(指不通过列车时的噪声水平)限值也执行该类标准。

另外根据《城市区域环境噪声测量办法》的规定,在室内进行噪音测量时,室内噪音限值低于所在区域标准值10分贝。若超出以上标准范围,即构成噪声。

根据《住宅设计规范》规定,开发商建设商品房应将商品房的卧室、起居室(厅)布置在背向噪声源的一侧。另外根据《民用建筑隔声设计规范》及《住宅设计规范》规定,民用建筑的室内(指卧室和起居室)允许噪声级最大不得超过50分贝,夜间应小于或等于40分贝。且该允许噪声级为昼间开窗条件下的标准值。

现实生活中,我们千万不能忽视环境噪声对人体健康的影响,从医学的角度来看:

(1)40分贝以下不足以对人造成不良影响;

(2)超过40分贝声级达到50分贝声级左右,就会影响人们的睡眠;

(3)60分贝左右声级会给人们的学习、工作造成干扰;

(4)70分贝以上声级则会引起人们注意力分散;

(5)90分贝声级,则会严重干扰人们的工作;

(6)90分贝以上声级的环境会造成人们听力持续下降,听觉迟钝,甚至造成噪声耳聋;

(7)噪声声级达到120分贝,就会导致人的神经系统、心血管系统、消化系统和视觉系统的功能障碍和紊乱;

(8)噪声若达到175分贝声级就能致人死亡。

那么开发商和购买者之间发生的商品房噪声污染的性质是什么呢？因为开发商不是噪声污染的直接制造者，不是需要承担环境污染侵权责任的民事主体，也不需要承担环境侵权的民事责任。购房者如果遇到噪声污染案件，应当以违约责任向开发商主张权利。因为噪声环境是商品房质量的一部分，噪声环境如果不符合相关法律法规的规定，应当视为开发商没有履行法律规定的合同义务。

实践中，处理噪声污染案件一般按照以下原则处理：

（1）由开发商消除危险，例如消除噪声源、增加隔音措施等。

（2）开发商赔偿购房者的物质损失和精神损失。其中物质损失是指购房者因为防止噪声污染所付出的物质代价；精神损失是指对购房者因为噪音污染在精神上受到的损害的赔偿。

（3）如果开发商和购房者在《商品房买卖合同》中约定了噪声污染的违约责任，那么购房者可以要求开发商支付违约金。

（4）如果购房者所购买的房屋在开发商采取了相应的防治措施以后仍然存在严重的噪声污染，完全达不到正常的居住使用条件的，购房人有权要求与开发商解除合同。

**专家支招：**

本案中，小张可以要求高阔房地产公司采取措施消除噪音污染，并且赔偿其因噪声污染受到的损失。如果小张与高阔房地产公司签订的《商品房买卖合同》约定了噪声污染的违约责任，那么小张可以要求高阔房地产公司支付违约金。如果在高阔房地产公司采取了相应的防治措施后，小张所购买的房屋仍然完全无法居住的，小张可以要求与高阔房地产公司解除合同。

# 35.商品房的保修期为多久？

**案例：**

小王与高阔房地产公司签订了《商品房买卖合同》，合同约定小王向高阔房地产公司购买其开发的商品房一套。高阔房地产公司向小王交付房屋九个月以后，小王发现卫生间地面渗漏。小王欲让高阔房地产公司维修，高阔房地产公司以不在保修期内为由拒绝。请问这种情况下，卫生间地面渗漏还在保修期内吗？

**专家解析：**

《商品房销售管理办法》第三十二条规定，销售商品住宅时，房地产开发企业应当根据《商品住宅实行质量保证书和住宅使用说明书制度的规定》(以下简称《规定》)，向买受人提供《住宅质量保证书》、《住宅使用说明书》。

该办法第三十三条规定，房地产开发企业应当对所售商品房承担质量保修责任。当事人应当在合同中就保修范围、保修期限、保修责任等内容做出约定。保修期从交付之日起计算。

商品住宅的保修期限不得低于建设工程承包单位向建设单位出具的质量保修书约定保修期的存续期；存续期少于《规定》中确定的最低保修期限的，保修期不得低于《规定》中确定的最低保修期限。

非住宅商品房的保修期限不得低于建设工程承包单位向建设单位

出具的质量保修书约定保修期的存续期。

在保修期限内发生的属于保修范围的质量问题，房地产开发企业应当履行保修义务，并对造成的损失承担赔偿责任。因不可抗力或者使用不当造成的损坏，房地产开发企业不承担责任。

根据《商品住宅实行质量保证书和住宅使用说明书制度的规定》第五条规定，《住宅质量保证书》应当包括以下内容：

1．工程质量监督部门核验的质量等级。

2．地基基础和主体结构在合理使用寿命年限内承担保修。

3．正常使用情况下各部位、部件保修内容与保修期：屋面防水3年；墙面、厨房和卫生间地面、地下室、管道渗漏1年；墙面、顶棚抹灰层脱落1年；地面空鼓开裂、大面积起砂1年；门窗翘裂、五金件损坏1年；管道堵塞2个月；供热、供冷系统和设备1个采暖期或供冷期；卫生洁具1年；灯具、电器开关6个月；其他部位、部件的保修期限，由房地产开发企业与用户自行约定。

4．用户报修的单位，答复和处理的时限。

同时《建设工程质量管理条例》第四十条规定，在正常使用条件下，建设工程的最低保修期限为：

（1）基础设施工程、房屋建筑的地基基础工程和主体结构工程，为设计文件规定的该工程的合理使用年限。

（2）屋面防水工程、有防水要求的卫生间、房间和外墙面的防渗漏，为5年。

（3）供热与供冷系统，为2个采暖期、供冷期。

（4）电气管线、给排水管道、设备安装和装修工程，为2年。

其他项目的保修期限由发包方与承包方约定。

建设工程的保修期,自竣工验收合格之日起计算。

所以,在保修期限内发生的属于保修范围的质量问题,开发商应当履行保修义务,并对造成的损失承担赔偿责任。

**专家支招:**

本案中,高阔房地产公司向小王交付房屋九个月以后,小王发现了卫生间地面渗漏,根据《商品住宅实行质量保证书和住宅使用说明书制度的规定》,墙面、厨房和卫生间地面、地下室、管道渗漏的保修期为 1 年。所以小王所购买的房屋的卫生间地面渗漏明显在保修期以内,高阔房地产公司应当负责维修,并对造成的损失承担赔偿责任。但是如果该问题是由于不可抗力或者小王使用不当而造成的,高阔房地产公司不承担责任。

## 36.未成年人与房地产开发公司签订商品房买卖合同有效吗?

**案例:**

未满 16 周岁的小黄前往高阔房地产公司开发的某楼盘的售楼处,要求购买一套商品房,并且一次性付清购房款。高阔房地产公司的高经理在明知小黄未满 16 周岁的情况下,与其签订了《商品房买卖合同》。请问,该合同是有效的吗?

**专家解析:**

根据《中华人民共和国民法通则》(以后简称《民法通则》)第十一

条、第十二条、第十三条、第十四条规定：十八周岁以上的公民是成年人，具有完全民事行为能力，可以独立进行民事活动，是完全民事行为人。十六周岁以上不满十八周岁的公民，以自己的劳动收入为主要生活来源的，视为完全民事行为能力人。十周岁以上的未成年人是限制民事行为能力的人，可以进行与他的年龄、智力相适应的民事活动；其他民事活动由他的法定代理人代理，或者征得他的法定代理人的同意。不满十周岁的未成年人是无民事行为能力人，由他的法定代理人代理民事活动。不能辨认自己行为的精神病人是无民事行为能力人，由他的法定代理人代理民事活动。不能完全辨认自己行为的精神病人是限制民事行为能力人，可以进行与他的精神健康状况相适应的民事活动；其他民事活动由他的法定代理人代理，或者征得他的法定代理人的同意。无民事行为能力人、限制民事行为能力人的监护人是他的法定代理人。

本案中，小黄未满16周岁，属于限制民事行为能力人，购买商品房显然不是与其年龄、智力相适应的民事活动。所以需要他的法定代理人代理，或者征得其法定代理人同意。相同情况下，如果小黄是一个已满十八周岁的不能完全辨认自己行为的精神病人，如果该订立买卖合同的行为超过了其精神健康状况，那么也需要他的法定代理人代理或者征得他的法定代理人的同意。如果小黄未满十周岁或者是已满十八周岁不能辨认自己行为的精神病人，那么他就是一个无民事行为能力人，所有的民事活动均需由其法定代理人代理。

另外根据《合同法》第四十七条的规定，限制民事行为能力人订立的合同，经法定代理人追认后，该合同有效，但纯获利益的合同或者与其年龄、智力、精神健康状况相适应而订立的合同，不必经法定代理人追认。相对人可以催告法定代理人在一个月内予以追认。法定代理人未作表示的,视为拒绝追认。合同被追认之前,善意相对人有撤销的权利。撤销应当以通知的方式作出。法律在此处规定了限制行为能力人可以不经法定代表人追认的民事行为,如某基金会与小黄签订赠与合同,赠与小黄10000元这类纯获利益的合同或者是小黄购买了一袋普通的糖果这类与其年龄、智力、精神健康状况相适宜而订立的合同。法律也授予了与限制民事行为能力人签订合同的相对人一些基本的救济权,如催告权和误认为限制民事行为能力人为完全民事行为能力人的合同相对人也就是善意相对人的撤销权。同时最高人民法院关于适用《中华人民共和国合同法》若干问题的解释(二)(以后简称《合同法》解释二)第十一条规定,根据《合同法》第四十七条、第四十八条的规定,追认的意思表示自到达相对人时生效,合同自订立时起生效。也就是说,如果小黄的法定代理人追认了该合同的效力,则该合同自小黄与高阔房地产公司签订时生效。

**专家支招:**

本案中,小黄与高阔房地产公司签订的买卖合同在得到小黄的法定代理人也就是小黄的监护人追认的情况下,该合同才是有效合同。高阔房地产公司可以催告小黄的法定代理人在一个月以内予以追认,小黄的法定代理人没有任何表示的情况下,视为其拒绝追认。在签订合同时,高阔房地产公司的高经理明知小黄未满16周岁而与其签订合同,高阔房地产公司不属于善意相对人。所以高阔房地产公司在小黄的法定代理人未追认该合同有效之前,是没有以通知的方式撤销该买卖合同的权利的。

## 37.在签订商品房买卖合同的过程中出现了重大误解怎么办?

**案例:**

某日,小李与高阔房地产公司签订一份《商品房预售合同》,合同约定,小李购买高阔房地产公司开发的商品房一套。合同中约定了房屋层高及建筑面积,合同附有房屋平面图,但房屋平面图中并未明显的标注屋内有排污管、横梁、沉箱等设施。同时,小李在购买房屋时,高阔房地产公司也未将房屋内存在排污管和横梁等情况告知原告。合同签订后,小李交清了购房款。一年后,高阔房地产公司向小李交付房屋,小李发现,房屋存在空间狭小以致严重影响使用的情况,要求与高阔房地产公司解除合同, 而高阔房地产公司则以房屋严格按照原规划设计图纸施工、没有任何规划设计变更为由,不同意解除合同。无奈之下,小李以他对房屋结构有重大误解为由,诉至法院,要求撤销合同,退还房款及利息。请问,小李的诉请可以被支持吗?

**专家解析:**

重大误解,是指行为人因对行为的性质、对方当事人、标的物的品种、质量、规格和数量等发生错误认识,使行为的后果与自己的意思相悖,并造成较大损失的行为。

《中华人民共和国合同法》第五十四条规定,下列合同,当事人一方有权请求人民法院或者仲裁机构变更或者撤销:

（一）因重大误解订立的；

（二）在订立合同时显失公平的。

一方以欺诈、胁迫的手段或者乘人之危，使对方在违背真实意思的情况下订立的合同，受损害方有权请求人民法院或者仲裁机构变更或者撤销。

当事人请求变更的，人民法院或者仲裁机构不得撤销。

由此可见，一旦构成重大误解，当事人一方是有权请求人民法院或者仲裁机构变更或者撤销的。因重大误解而订立的合同一般具有以下构成要件：

（1）误解一般是因受害方当事人自己的过错造成的，而不是因为受到他人的欺骗或不正当影响造成的。这类合同多是由于当事人缺乏必要的知识、技能、信息或交易经验而造成的，从而导致合同与当事人自己的真实意思相违背。

（2）当事人的误解必须是要对合同的主要内容构成重大误解。如果仅仅是合同的非主要条款发生误解且并不影响当事人的权利义务关系，就不应作为重大误解。同时，对订约动机的判断错误也不应构成重大误解。

误解必须是对合同的内容发生误解，并导致了合同的订立；同时，误解还必须是重大的。所谓重大的确定，既要考虑误解者所误解的不同情况，考虑当事人的状况、活动性质、交易习惯等几个方面的因素，又要考虑因此给当事人造成的不利后果。

（3）误解直接影响到当事人所应享受的权利和承担的义务。合同一旦履行，将会使误解方的利益受到损害。

（4）重大误解与合同的订立或合同条件存在因果关系。如果没有这种误解，当事人将不会订立合同或虽订立合同但合同的条件将发生重大改变。与合同订立和合同条件无因果关系的误解,不属于重大误解的合同。

同时,《中华人民共和国合同法》还对撤销权的行使作出了详细的规定:

第五十五条规定,有下列情形之一的,撤销权消灭:

(一)具有撤销权的当事人自知道或者应当知道撤销事由之日起一年内没有行使撤销权;

(二)具有撤销权的当事人知道撤销事由后明确表示或者以自己的行为放弃撤销权。

第五十六条规定,无效的合同或者被撤销的合同自始没有法律约束力。合同部分无效,不影响其他部分效力的,其他部分仍然有效。

第五十七条规定,合同无效、被撤销或者终止的,不影响合同中独立存在的有关解决争议方法的条款的效力。

第五十八条规定,合同无效或者被撤销后,因该合同取得的财产,应当予以返还;不能返还或者没有必要返还的,应当折价补偿。有过错的一方应当赔偿对方因此所受到的损失,双方都有过错的,应当各自承担相应的责任。

本案中,小李和高阔房地产公司签订《商品房预售合同》时,小李购买的房屋尚未建成,小李作为消费者,对其所购房屋的具体情况只能通过高阔房地产公司的口头和书面描述中得到认知。但高阔房地产公司在签订合同时,仅仅将房屋的详细结构情况通过平面图的方式告知小李,而小李作为一个非专业人士,无法通过平面图对房屋结构作出正确认识。而房屋建成后确实存在空间狭小以致严重影响使用的问题。也就是说，通常情况下常人根据高阔房地产公司提供的信息对房屋空间结构的想象，与房屋实际情况确有较大差距，所以小李在购买房屋时对房屋空间结构存在重大误解。

**专家支招：**

本案中，小李在与高阔房地产公司签订买卖合同时存在重大误解。所以小李可以要求与高阔房地产公司变更或解除合同。但是小李必须在知道或者应当知道撤销事由之日起一年内行使撤销权，同时高阔房地产公司应当赔偿小李因此所受到的损失。

## 38.按揭合同解除，商品房买卖合同还有效吗？

**案例：**

小张与高阔房地产公司签订了《商品房买卖合同》，约定小张向高阔房地产公司购买其开发的商品房一套，小张以按揭付款的方式付款。可是随后由于小张自身信用不良，按揭贷款合同未能订立。请问，这种情况下，《商品房买卖合同》的效力如何？

**专家解析：**

按揭贷款就是购房者以所购住房做抵押并由其所购买住房的房地产企业提供阶段性担保的个人住房贷款业务。所谓按揭是指按揭人将房产产权转让按揭，受益人作为还贷保证人在按揭人还清贷款后，受益人立即将所涉及的房屋产权转让按揭人，过程中按揭人享有使用权。

随着我国住房价格的大幅上涨，按揭贷款已经成为商品房买卖中重要的付款方式。按揭贷款的种类包括四种：

(1)个人住房商业性贷款，是商业银行发放的个人住房按揭贷款，其利率由中国人民银行制定，较其他形式的住房贷款利率略高。只要申请人交足银行规定的购房首付款，同时具有稳定的收入用以偿还贷款本息即可申请使用银行按揭贷款。

(2)住房公积金贷款，是指由住房公积金管理中心发放的个人住房按揭贷款，住房公积金贷款具有政策补贴性质，贷款利率往往低于同期商业银行贷款利率。对于已经缴纳住房公积金的居民来说，使用按揭贷款的方式购买商品房时，可以选择住房公积金低息贷款。

(3)个人住房组合贷款，是指住房公积金管理中心可以发放的公积金贷款，对最高限额有一定的限制，需要贷款数额很可能会超过这个限额，不足的部分就需要向银行申请住房商业性贷款。这两种贷款组合起来被称为组合贷款。

(4)个人住房担保贴息贷款，这种贷款名义上是银行发放的商业贷款，但是在借款人每月按照商业性贷款利息偿还贷款以后，就其可申请的公积金最高贷款额度部分可以获得由政府住房基金提供的利息返还，从而补平商业贷款和公积金贷款之间利息的差额。

贷款成功以后，就需要贷款人每月向银行还款。目前，银行的个人住房按揭贷款的还款方式主要有等额本息和等额本金两种方式：等额本息还贷方式为每月按相同金额偿还贷款本息，月还款中利息逐月递减，本金逐月递增；等额本金还贷方式为还款金额递减，月还款中本金保持相同金额，利息逐月递减。二者的主要区别在于，前者每期还款金额相同，即每月本金加利息总额相同，贷款人还贷压力均衡，但利息负担相对较多;后者每月本金相同,利息逐渐减少,前期还款压力大,但以后的还款金额逐渐递减,利息总负担较小。

在按揭贷款合同中,购房人签订该合同的目的明显是为了向开发商支付购房款,保证商品房销售合同的顺利履行。虽然按揭贷款合同和商品房买卖合同是不同的法律关系,但是签订按揭贷款合同的原因和目的就是在商品房销售合同中以按揭贷款的方式支付购房款。如果按揭贷款合同未能顺利订立,那么多数情况下,合同当事人是没有能力支付房地产开发公司全部购房款的。为了解决类似纠纷,《最高人民法院关于审理商品房买卖合同纠纷案件适用法律若干问题的解释》第二十三条规定,商品房买卖合同约定,买受人以担保贷款方式付款,因当事人一方原因未能订立商品房担保贷款合同并导致商品房买卖合同不能继续履行的,对方当事人可以请求解除合同和赔偿损失。因不可归责于当事人双方的事由未能订立商品房担保贷款合同并导致商品房买卖合同不能继续履行的,当事人可以请求解除合同,出卖人应当将收受的购房款本金及其利息或者定金返还买受人。

反之,按揭贷款合同签订后商品房销售合同被解除,那么按揭贷款合同的原因消灭,当事人签订按揭贷款合同的目的将无法实现。《中华人民共和国合同法》第九十四条规定,有下列情形之一的,当事人可以解除合同:

(一)因不可抗力致使不能实现合同目的;

(二)在履行期限届满之前,当事人一方明确表示或者以自己的行为表明不履行主要债务;

(三)当事人一方迟延履行主要债务,经催告后在合理期限内仍未履行;

(四)当事人一方迟延履行债务或者有其他违约行为致使不能实现合同目的;

(五)法律规定的其他情形。

因此,在当事人解除商品房销售合同时,按揭贷款合同是可以解除的。

同时《最高人民法院关于审理商品房买卖合同纠纷案件适用法律若干问题的解释》第二十四条规定,因商品房买卖合同被确认无效或者被撤销、解除,致使商品房担保贷款合同的目的无法实现,当事人请求解除商品房担保贷款合同的,应予支持。

**专家支招:**

本案中,小张在与高阔房地产公司签订了商品房买卖合同以后,由于自身的不良信用导致未能办理按揭贷款合同。根据《最高人民法院关于审理商品房买卖合同纠纷案件适用法律若干问题的解释》第二十三条规定,高阔房地产公司可以请求与小张解除商品房买卖合同,并要求小张赔偿因此受到的损失。

## 39.买受人向银行提前还款可以退还哪些费用? 是否对银行构成违约?

**案例:**

小何与高阔房地产公司签订了《商品房买卖合同》,合同约定,小何向高阔房地产公司购买其开发的商品房一套, 小何使用按揭贷款的方式支付购房款。随后小何又与银行签订了《按揭贷款合同》,约定二十年还清贷款。五年以后,小何事业小有成就,遂要求提前归还银行的贷款。请问,小何可以提前向银行偿还贷款吗?

**专家解析:**

实践中,经常会出现借款人由于经济条件改善,想要提前归还银行贷款的情况。那么这种情况到底属不属于违约行为呢?

首先,要看合同中是否约定了提前还款的违约责任。如果约定了,那么提前还款就要承担合同中约定的违约责任。如果没有约定,那么根据《中华人民共和国合同法》第二百零八条规定,借款人提前偿还借款的,除当事人另有约定的以外,应当按照实际借款的期间计算利息。也就是说,借款人可以选择提前偿还借款,而且同时应当按照实际借款的期限向银行缴纳较少的利息。

购房者在申请贷款的时候,是以所购房屋抵押给银行作为还款保障的,银行为了保证房屋在抵押期间的安全,会要求购房者为所购买的房屋投保。所以购房者在申请贷款的时候都会缴纳房屋保险费,这个保险的期限与贷款年限相同。购房者在提前归还贷款以后,银行提前收回了全部债权,房屋抵押应该予以解除,此时购房者可以选择是否为房屋继续保险。购房者选择继续保险的,应该办理变更受益人手续,将受益人由银行变为购房者;如果购房者选择停止保险的,那么保险公司应当在扣除部分手续费以后将剩余年限的保险金额归还购房者。

**专家支招:**

本案中,如果小何与银行签订的《按揭贷款合同》约定了提前还款的违约责任,那么小何提前还款是要承担合同约定的违约责任的。如果合同中没有约定提前还款的违约责任，那么小何提前还款的行为就没有违约，利息也应该按照小何实际借款的时间计算。

小何在提前还款以后，可以选择是否继续投保。然后根据选择来决定是到保险公司变更受益人还是要求保险公司退还剩余保险期限的保费。

## 40.建设单位与物业服务企业签订的《前期物业服务合同》对业主有约束力吗？

**案例：**

某物业服务企业与高阔房地产公司签订了《前期物业服务合同》，约定由其对高阔房地产公司开发的阳光花园提供物业管理服务。合同约定住宅部分的物业管理费按照 2.8 元／平方米的标准收取，每月 5 日前交纳，如延期则按拖欠金额的日万分之三收取违约金。小张入住该小区后签署了《管理规约》。《管理规约》第八条规定：在小区业主委员会成立之前，同意由某建设单位聘请物业服务企业为小区提供前期物业服务，并按约定支付物业管理费。但小张自入住以来，一直未交纳物业管理费，某物业管理公司多次催交未果，遂诉至法院，要求判令小张支付入住以来的物业管理费及延期交纳的违约金。请问，本案中某物业公司的诉讼请求能否得到支持？

**专家解析：**

物业管理，是指业主通过选聘物业服务企业，由业主和物业服务企业按照物业服务合同约定，对房屋及配套的设施设备和相关场地进行维修、养护、管理，维护物业管理区域内的环境卫生和相关秩序的活动。但是一个新建小区在已有部分业主入住，业主委员会尚未成立的时候，部分业主没有权利选聘物业服务公司。但是此时不能没有物业管理和服务，因此只能通过开发商来选聘物业管理公司，这就是前期物业管理。根据《房地产业基本术语标准》，前期物业管理是指房屋自售出之日起至物业管理委员会与物业管理企业签订的《物业管理合同》生效时止的物业管理。而《前期物业管理招标投标管理暂行办法》第二条规定，前期物业管理，是指在业主、业主大会选聘物业管理企业之前，由建设单位选聘物业管理企业实施的物业管理。

根据《物业管理条例》的规定，前期物业管理的特征如下：

（1）根据《物业管理条例》第二十一条的规定，在业主、业主大会选聘物业服务企业之前，建设单位选聘物业服务企业的，应当签订书面的前期物业服务合同。也就是说，前期物业服务合同的主体是开发商与物业服务企业。

（2）根据《物业管理条例》第二十二条、第二十三条的规定，建设单位应当在销售物业之前，制定临时管理规约，对有关物业的使用、维护、管理，业主的共同利益，业主应当履行的义务，违反临时管理规约应当承担的责任等事项依法作出约定。建设单位制定的临时管理规约，不得侵害物业买受人的合法权益。

建设单位应当在物业销售前将临时管理规约向物业买受人明示，并予以说明。物业买受人在与建设单位签订物业买卖合同时，应当对遵守临时管理规约予以书面承诺。

也就是说，开发商需要制定临时管理规约，该规约不得侵害物业买受人的合法权益,且买受人应当遵守该规约。

（3）根据《物业管理条例》第二十四条规定,国家提倡建设单位按照房地产开发与物业管理相分离的原则, 通过招投标的方式选聘具有相应资质的物业服务企业。住宅物业的建设单位,应当通过招投标的方式选聘具有相应资质的物业服务企业；投标人少于3个或者住宅规模较小的,经物业所在地的区、县人民政府房地产行政主管部门批准,可以采用协议方式选聘具有相应资质的物业服务企业。也就是说,国家提倡通过招投标的方式选聘前期物业服务企业。

（4）根据《物业管理条例》第二十八条、第二十九条规定,物业服务企业承接物业时,应当对物业共用部位、共用设施设备进行查验。在办理物业承接验收手续时,建设单位应当向物业服务企业移交下列资料：

①竣工总平面图,单体建筑、结构、设备竣工图,配套设施、地下管网工程竣工图等竣工验收资料；

②设施设备的安装、使用和维护保养等技术资料；

③物业质量保修文件和物业使用说明文件；

④物业管理所必需的其他资料。

物业服务企业应当在前期物业服务合同终止时将上述资料移交给业主委员会。

此处就规定了前期物业管理公司有承接验收的义务。

（5）根据《物业管理条例》第二十五条、第二十六条的规定,建设单位与物业买受人签订的买卖合同应当包含前期物业服务合同约定的内容。前期物业服务合同可以约定期限；但是,期限未满、业主委员会与物业服务企业签订的物业服务合同生效的,前期物业服务合同终止。

此处就规定了前期物业管理的时限问题。

前期物业管理的意义也是十分重大的，可以规范开发商的建设行为、规范前期物业管理、规范业主入住时期的管理等。

**专家支招：**

本案中，除了高阔房地产公司与小张签订的买卖合同中必须包含的前期物业服务合同约定的内容外，《物业管理条例》第二十三条规定建设单位应当在物业销售前将临时管理规约向物业买受人明示，并予以说明；物业买受人在与建设单位签订物业买卖合同时，应当对遵守临时管理规约予以书面承诺，因此高阔房地产公司也可能在《临时管理规约》中规定前期物业服务合同约定的内容。另外，对于已有业主大会的小区，在制定管理规约时，也可以加入前期物业服务合同约定的内容，小区业主均要签署。因此，物业服务企业对于以前期物业服务合同对其无约束力来抗辩的业主，要根据前期物业服务合同、管理规约等的约定，及时地催交物业费，也可以通过诉讼的途径追缴。

## 41.商品房买卖合同中的加重买受人义务的格式条款有效吗？

**案例：**

小张与高阔房地产公司签订了《商品房买卖合同》，合同约定，小张向高阔房地产公司购买其开发的商品房一套。小张与高阔房地产公司签订的《商品房买卖合同》系高阔房地产公司事先准备好的统一合同，小张签订后发现，该合同部分条款明显加重了买受人的义务，且签订合同时,高阔房地产公司的工作人员并没有提示告知小张。请问,合同中这样的条款有效吗?

**专家解析:**

根据《中华人民共和国合同法》第三十九条对格式条款的定义,格式条款是当事人为了重复使用而预先拟定,并在订立合同时未与对方协商的条款。也就是说,格式条款的特点有二,一是为了重复使用而预先拟定;二是订立合同时未与对方协商。

现实生活中,往往是在垄断服务企业的合同中会出现格式条款,例如电力、通信、银行等。当事人在与其签订合同时,往往只能被动地接受其提供的合同,所以当事人在签订合同时往往属于弱势一方。

法律为了规范格式条款的使用,对格式条款有着多种限制:

《中华人民共和国合同法》第三十九条第一款规定,采用格式条款订立合同的,提供格式条款的一方应当遵循公平原则确定当事人之间的权利和义务,并采取合理的方式提请对方注意免除或者限制其责任的条款,按照对方的要求,对该条款予以说明。

第四十条规定,格式条款具有本法第五十二条和第五十三条规定情形的,或者提供格式条款一方免除其责任、加重对方责任、排除对方主要权利的,该条款无效(第五十二条规定,有下列情形之一的,合同无效:(一)一方以欺诈、胁迫的手段订立合同,损害国家利益;(二)恶意串通,损害国家、集体或者第三人利益;(三)以合法形式掩盖非法目的;(四)损害社会公共利益;(五)违反法律、行政法规的强制性规定。第五十三条规定,合同中的下列免责条款无效:(一)造成对方人身伤害的;(二)因故意或者重大过失造成对方财产损失的)。

第四十一条规定,对格式条款的理解发生争议的,应当按照通常理解予以解释。对格式条款有两种以上解释的,应当作出不利于提供格式条款一方的解释。格式条款和非格式条款不一致的,应当采用非格式条款。

同时《最高人民法院关于适用〈中华人民共和国合同法〉若干问题的解释(二)》第六条规定,提供格式条款的一方对格式条款中免除或者限制其责任的内容,在合同订立时采用足以引起对方注意的文字、符号、字体等特别标识,并按照对方的要求对该格式条款予以说明的,人民法院应当认定符合《合同法》第三十九条所称"采取合理的方式"。提供格式条款一方对已尽合理提示及说明义务承担举证责任。

第九条规定,提供格式条款的一方当事人违反《合同法》第三十九条第一款关于提示和说明义务的规定,导致对方没有注意免除或者限制其责任的条款,对方当事人申请撤销该格式条款的,人民法院应当支持。

第十条规定,提供格式条款的一方当事人违反《合同法》第三十九条第一款的规定,并具有《合同法》第四十条规定的情形之一的,人民法院应当认定该格式条款无效。

根据上述规定可知,如果格式条款具有法定的无效情形,或者提供格式条款的一方免除其责任、加重对方责任、排除对方主要权利的,该条款无效。合同相对方如果认为提供格式条款的一方在签订合同时,未尽到提示和说明义务,导致其没有注意免除或者限制责任的条款,进而侵害自身权益时,有权请求法院撤销格式条款,法院应当支持。

实践中,房地产开发企业在销售商品房的时候,往往处于节约时间等因素的考虑,会事先准备好商品房买卖合同的具体条款及需要买受人签订的其他文件材料,以便于重复使用。那么,该条款是否属于格式条款呢?

如果出卖人拟定的商品房买卖合同中的条款并没有限制买受人的权利、加重其责任,且在签订买卖合同时尽到了提醒义务,买受人明确了解并且接受该合同条款的。即使该条款有利于买受人,依法也不能视为无效的格式条款。但是如果出卖人拟定的商品房买卖合同中的条款严重侵害了买受人的权利,免除己方责任,加重对方责任,且在签订合同时没有尽到提醒说明义务的。买受人有权依法以格式条款侵害其权利为由,要求确认该条款无效或请求法院予以撤销。

**专家支招:**

本案中,高阔房地产公司在其提供的《商品房买卖合同》中的加重小张义务的条款属于无效的格式条款,且高阔房地产公司的工作人员在小张签订合同时并未提醒告知小张。所以小张有权以格式条款侵害其权利为由,要求确认该条款无效或请求法院予以撤销。

## 42.商品房买卖纠纷中的诉讼时效是多长时间?

**案例:**

小张和高阔房地产公司签订了《商品房买卖合同》,合同约定,小张向高阔房地产公司购买其开发的商品房一套。高阔房地产公司向小张交付了房屋两年以后,小张发现房屋出现了严重的质量问题。小张找高阔房地产公司交涉未果,欲向人民法院起诉。请问,小张的诉讼超过诉讼时效吗?

**专家解析:**

诉讼时效,是指民事权利受到侵害的权利人在法定的时效期间内不行使权利,当时效期间届满时,人民法院对权利人的权利不再进行保护的制度。在法律规定的诉讼时效期间内,权利人提出请求的,人民法院就强制义务人履行所承担的义务。而在法定的诉讼时效期间届满之后,权利人行使请求权的,人民法院就不再予以保护。值得注意的是,诉讼时效届满后,义务人虽可拒绝履行其义务,权利人请求权的行使仅发生障碍,权利本身及请求权并不消灭。当事人超过诉讼时效后起诉的,人民法院应当受理。受理后,如另一方当事人提出诉讼时效抗辩且查明无中止,中断,延长事由的,判决驳回其诉讼请求。如果另一方当事人未提出诉讼时效抗辩,则视为其自动放弃该权利,法院不得依照职权主动适用诉讼时效,应当受理支持其诉讼请求。

《中华人民共和国民法通则》对诉讼时效做出了比较明确的规定:第一百三十五条规定,向人民法院请求保护民事权利的诉讼时效期间为二年,法律另有规定的除外。

第一百三十六条规定,下列的诉讼时效期间为一年:身体受到伤害要求赔偿的;出售质量不合格的商品未声明的;延付或者拒付租金的;寄存财物被丢失或者损毁的。

第一百三十七条规定,诉讼时效期间从知道或者应当知道权利被侵害时起计算。但是,从权利被侵害之日起超过二十年的,人民法院不予保护。有特殊情况的,人民法院可以延长诉讼时效期间。

第一百三十八条规定,超过诉讼时效期间,当事人自愿履行的,不受诉讼时效限制。

第一百三十九条规定,在诉讼时效期间的最后六个月内,因不可抗力或者其他障碍不能行使请求权的,诉讼时效中止。从中止时效的原因消除之日起,诉讼时效期间继续计算。

第一百四十条规定,诉讼时效因提起诉讼、当事人一方提出要求或者同意履行义务而中断。从中断时起,诉讼时效期间重新计算。

第一百四十一条规定,法律对诉讼时效另有规定的,依照法律规定。

同时《最高人民法院关于审理民事案件适用诉讼时效制度若干问题的规定》也对民事案件适用诉讼时效制度作出了更为详细的解释,此处就不再赘述了。

商品房质量问题导致的诉讼的诉讼时效适用一般诉讼时效,也就是两年。诉讼时效期间从知道或者应当知道权利被侵害时起计算,也就是从购房人知道或应当知道商品房存在质量问题时开始计算。同时诉讼时效因提起诉讼、当事人一方提出要求或者同意履行义务而中断。从中断时起,诉讼时效期间重新计算。也就是说,如果购房人知道或者应当知道商品房存在质量问题以后的两年内,向开发商主张过权利,或者开发商同意履行义务,那么两年的诉讼时效就重新起算。

**专家支招:**

本案中,小张在房屋交付两年以后才发现房屋质量存在严重问题,那么诉讼时效的计算就从小张知道房屋存在质量问题开始。同时小张在发现了质量问题以后向高阔房地产公司主张过权利,那么小张应该保留其向高阔房地产公司主张权利的证据。诉讼时效也就从小张向高阔房地产公司主张权利时重新开始计算。

## 43.购买商品房时需要查看开发商的什么证件？ 交付房屋时应该给购房者提供什么法律文书？

**案例：**

小何想要购买高阔房地产公司开发的商品房一套。小何到高阔房地产公司签订《商品房买卖合同》时应该查看高阔房地产公司提供的哪些证件？

**专家解析：**

买房人在签订商品房买卖合同前，一般会查看开发商所有的"五证"。所谓"五证"是指，国有土地使用证、建设用地规划许可证、建设工程规划许可证、建设工程施工许可证、商品房销售（预售）许可证。下面就简单叙述一下"五证"：

国有土地使用证，是指经土地使用者申请，经城市各级人民政府颁布的国有土地使用权的法律凭证。该证主要载明土地使用者名称、土地坐落、用途、土地使用面积、使用年限、和"四至"范围。

建设用地规划许可证，是指建设单位向土地管理部门申请征用划拨土地或者出让土地前，经城市规划行政主管部门确认，该项目位置范围符合城市规划的法律凭证。

建设工程规划许可证，是指有关建设工程符合城市规划需求的法律凭证。

建设工程施工许可证,是指建设单位进行工程施工的法律凭证,也是房屋权属登记的主要依据之一,没有开工证的建筑属违章建筑,不受法律保护。

商品房销售(预售)许可证,是指市、县人民政府房地产管理部门允许房地产开发企业,销售商品房的批准性文件。

同时,开发商在商品房竣工且验收合格后,向购买人交付商品房时必须提供住宅质量保证书和住宅使用说明书。

住宅质量保证书,是指开发商对销售的商品住宅承担质量责任的法律文件,可以作为商品房预、出售合同的补充约定,与合同具有同等效力。

住宅使用说明书,是指住宅出售单位在交付住宅时提供给用户的,告知住宅安全、合理、方便使用及相关事项的文本。住宅使用说明书应当载明房屋平面布局、结构、附属设备、配套设施、详细的结构图(注明承重结构的位置)和不能占有、损坏、移装的住宅共有部位、共用设备以及住宅使用规定和禁止行为。根据规定,《住宅使用说明书》应作为住宅(每套)转让合同的附件。如在房屋使用中出现问题,说明书将成解决开发商与业主之间纠纷的重要依据。

根据《房地产开发企业资质管理规定》第二十三条的规定,企业在商品住宅销售中不按照规定发放《住宅质量保证书》和《住宅使用说明书》的,由原资质审批部门予以警告、责令限期改正、降低资质等级,并可处以1万元以上2万元以下的罚款。

**专家支招:**

本案中,小何可以在与高阔房地产公司签订《商品房买卖合同》之前,要求高阔房地产公司出具国有土地使用证、建设用地规划许可证、建设工程规划许可证、建设工程施工许可证、商品房销售(预售)许可证。同时,小何在高阔房地产公司向其交付房屋时,必须让高阔房地产公司提供住宅质量保证书和住宅使用说明书。

## 44.小区停车位权属应该如何确定?

**案例:**

小王与高阔房地产公司签订了《商品房买卖合同》,合同约定,小王向高阔房地产公司购买商品房一套。可是当高阔房地产公司向小王交付房屋以后,小王发现小区内的停车位并没有满足小区业主的需要,而是对公众出租。请问,在这种情况下,小王应该怎么办?

**专家解析:**

随着社会经济的发展,汽车已经成为人民社会生活中必不可少的代步工具,私家车保有量也不断提高。所以,购房者购买商品房的时候,停车位成为了重要的考虑因素。实践中,许多开发商为了收取停车费等目的,经常像案例中高阔房地产公司那样,将车位面向公众出租,这是完全没有法律依据的。

根据《中华人民共和国物权法》第七十四条的规定,建筑区划内,规划用于停放汽车的车位、车库应当首先满足业主的需要。建筑区划内,规划用于停放汽车的车位、车库的归属,由当事人通过出售、附赠或者出租等方式约定。占用业主共有的道路或者其他场地用于停放汽车的车位,属于业主共有。

根据该规定,小区内的停车位只有在满足了业主的需要以后,才能向公众出租。而停车位、车库的归属,则由当事人通过出售、附赠或者出租等方式约定。同时占用业主共有的道路或者其他场地用于停放汽车的车位,因为是附属于业主的共有物上,所以当然属于业主共有。因此,停车位如果是建在业主共有区域内, 开发商就不能把这部分停车位另行出售或者出租。

## 专家支招:

本案中, 如果小王购买房屋所在小区的停车位不是占用业主共有的道路或者其他场地的,那么高阔房地产公司就可以通过出售、附赠或者出租等方式使停车位首先满足业主的需要,在满足业主的需要以后,才能对外出租、出售。如果小区的停车位占用业主共有的道路或者其他场地的,那么开发商就不能把这部分停车位另行出售或者出租。

## 45.房屋在被人民法院查封期间转让是否有效?

## 案例:

2012 年小王因生意需要向小李借款壹佰万元整,约定三个月以后归还。到期后小王因经营不善无力偿还借款,双方发生纠纷。小李把小王起诉至人民法院。在诉讼期间,受案法院应小李的申请依法查封了小王名下的商品房一套。在此期间,小王与小刘签订了《房屋买卖合同》一份,约定由小王将该房屋转让给小刘。合同签订后,小刘支付了购房款,小王将房屋交付给了小刘。但是双方去办理过户登记时,却因房屋被查封而不能办理过户登记。小刘想问,小王的转让行为是否有效? 小刘该如何维护自己的合法权益?

**专家解析:**

根据《中华人民共和国城市房地产管理法》第三十八条的规定,下列房地产,不得转让:

(一)以出让方式取得土地使用权的,不符合本法第三十九条规定的条件的;

(二)司法机关和行政机关依法裁定、决定查封或者以其他形式限制房地产权利的;

(三)依法收回土地使用权的;

(四)共有房地产,未经其他共有人书面同意的;

(五)权属有争议的;

(六)未依法登记领取权属证书的;

(七)法律、行政法规规定禁止转让的其他情形。

小王在房屋被查封期间仍与第三人小刘签订《房屋买卖合同》,其行为违反了上述法律规定,其转让行为显然是无效的。

**专家支招:**

本案中,小王名下的商品房处于被人民法院查封的期间不能对外转让,所以小王与小刘签订的《商品房买卖合同》应当认定为无效,小刘不能取得该房屋所有权。根据《中华人民共和国合同法》的规定,无效的合同自始没有法律约束力。合同无效,因该合同取得的财产,应当予以返还;不能返还或者没有必要返还的,应当折价补偿。有过错的一方应当赔偿对方因此所受到的损失,双方都有过错的,应当各自承担相应的责任。在此情况下,小刘可以要求小王返还购房款,并承担相应的违约责任,或者赔偿损失。

## 46.房地产抵押合同签订后,土地上新增的房屋是否属于抵押财产?

**案例:**

2012 年 3 月,小高与小李签订了一份《借款合同》。合同约定,小高向小李借款人民币二百万元,借款期限一年,小高以其所有的一套房屋的所有权及该房屋占用范围内的土地使用权作为抵押,双方办理了抵押登记手续。2012 年 7 月,小高在上述房屋占用土地上新建了一套住房。借款到期后,小高因欠债较多,上述土地及房屋被法院查封。小李想问:小高后来建设的住房是否属于抵押财产,其能否享有优先受偿权?

**专家解析:**

房地产抵押,是指抵押人以其合法的房地产以不转移占有的方式向抵押权人提供债务履行担保的行为。债务人不履行债务时,抵押权人有权依法以抵押的房地产拍卖所得的价款优先受偿。同时根据《中华人民共和国城市房地产管理法》第四十八条的规定,依法取得的房屋所有权连同该房屋占用范围内的土地使用权,可以设定抵押权。

关于在房地产抵押合同签订后,土地上新增的房屋是否属于抵押财产的问题,《中华人民共和国城市房地产管理法》中也有明确规定,该法第五十二条规定,房地产抵押合同签订后,土地上新增的房屋不属于抵押财产。需要拍卖该抵押的房地产时,可以依法将土地上新增的房屋与抵押财产一同拍卖,但对拍卖新增房屋所得,抵押权人无权优先受偿。

由此可见,在房地产抵押合同签订后,土地上新增的房屋不属于抵押财产。

**专家支招:**

本案中,小高先将其所有的一套房屋的所有权及该房屋占用范围内的土地使用权作为抵押,随后又在该土地上建设了一套房屋。根据《中华人民共和国城市房地产管理法》第五十二条规定,该房屋并不属于抵押财产。如果需要拍卖该抵押的房地产时,可以依法将土地上新增的房屋与抵押财产一同拍卖,但对拍卖新建房屋所得,小李无权优先受偿。

## 47.经营房地产中介服务机构需要什么条件?

**案例:**

小张是一名工人,由于所在工厂效益不好,故辞职。随后,他应聘到一家二手房交易中介服务机构从事房屋中介工作，凭着自己的刻苦努力，很快熟悉了相关业务，并积累了一定的人脉。现在，小张想自己开一家房地产中介服务机构。请问，经营房地产中介服务机构需要什么条件？

**专家解析：**

房地产中介服务机构包括房地产咨询机构、房地产价格评估机构、房地产经纪机构等。

房地产咨询机构是指依一定的法律程序设立的专门从事房地产政策、业务等咨询服务的组织。

房地产估价机构是指依法设立并取得房地产估价机构资质，从事房地产估价活动的中介服务机构。

房地产经纪机构是指符合执业条件，并依法设立，为委托人提供房地产信息和居间代理业务等经纪活动的具有法人资格的经济组织。房地产经纪机构依据《房地产经纪管理办法》依法开展各项业务，为客户提供服务。

根据《中华人民共和国城市房地产管理法》第五十八条的规定，房地产中介服务机构应当具备下列条件：

(1)有自己的名称和组织机构；

(2)有固定的服务场所；

(3)有必要的财产和经费；

(4)有足够数量的专业人员；

(5)法律、行政法规规定的其他条件。

设立房地产中介服务机构，应当向工商行政管理部门申请设立登记,领取营业执照后,方可开业。

其中,经营房地产咨询机构的条件是:

(1)必须是具有法人资格的经济实体,实行独立核算,自主经营,自负盈亏,并能独立承担民事责任;

(2)要有合法的法人代表和健全的管理机构,并有相应数量的专业技术人才;

(3)必须具有一定数量的自有资金;

(4)要有独立、健全的财务管理体系和完善的财务制度。

房地产估价机构资质等级分为一、二、三级。国务院建设行政主管部门负责一级房地产估价机构资质许可。省、自治区人民政府建设行政主管部门、直辖市人民政府房地产行政主管部门负责二、三级房地产估价机构资质许可,并接受国务院建设行政主管部门的指导和监督。房地产估价机构应当由自然人出资,以有限责任公司或者合伙企业形式设立。

一级资质要求:

(1)机构名称有房地产估价或者房地产评估字样;

(2)从事房地产估价活动连续6年以上,且取得二级房地产估价机构资质3年以上;

(3)有限责任公司的注册资本人民币200万元以上,合伙企业的出资额人民币120万元以上;

(4)有15名以上专职注册房地产估价师;

(5)在申请核定资质等级之日前3年平均每年完成估价标的物建筑面积50万平方米以上或者土地面积25万平方米以上;

(6)法定代表人或者执行合伙人是注册后从事房地产估价工作3

年以上的专职注册房地产估价师;

(7)有限责任公司的股东中有 3 名以上、合伙企业的合伙人中有 2 名以上专职注册房地产估价师,股东或者合伙人中有一半以上是注册后从事房地产估价工作 3 年以上的专职注册房地产估价师;

(8)有限责任公司的股份或者合伙企业的出资额中专职注册房地产估价师的股份或者出资额合计不低于 60%;

(9)有固定的经营服务场所;

(10)估价质量管理、估价档案管理、财务管理等各项企业内部管理制度健全;

(11)随机抽查的 1 份房地产估价报告符合《房地产估价规范》的要求;

(12)在申请核定资质等级之日前 3 年内无本办法第三十二条禁止的行为。

二级资质要求:

(1)机构名称有房地产估价或者房地产评估字样;

(2)取得三级房地产估价机构资质后从事房地产估价活动连续 4 年以上;

(3)有限责任公司的注册资本人民币 100 万元以上,合伙企业的出资额人民币 60 万元以上;

(4)有 8 名以上专职注册房地产估价师;

(5)在申请核定资质等级之日前 3 年平均每年完成估价标的物建筑面积 30 万平方米以上或者土地面积 15 万平方米以上;

(6)法定代表人或者执行合伙人是注册后从事房地产估价工作 3 年以上的专职注册房地产估价师;

(7)有限责任公司的股东中有 3 名以上、合伙企业的合伙人中有 2 名以上专职注册房地产估价师，股东或者合伙人中有一半以上是注册后从事房地产估价工作 3 年以上的专职注册房地产估价师；

(8) 有限责任公司的股份或者合伙企业的出资额中专职注册房地产估价师的股份或者出资额合计不低于 60%；

(9)有固定的经营服务场所；

(10)估价质量管理、估价档案管理、财务管理等各项企业内部管理制度健全；

(11)随机抽查的 1 份房地产估价报告符合《房地产估价规范》的要求；

(12)在申请核定资质等级之日前 3 年内无本办法第三十二条禁止的行为。

三级资质要求：

(1)机构名称有房地产估价或者房地产评估字样；

(2)有限责任公司的注册资本人民币 50 万元以上，合伙企业的出资额人民币 30 万元以上；

(3)有 3 名以上专职注册房地产估价师；

(4) 在暂定期内完成估价标的物建筑面积 8 万平方米以上或者土地面积 3 万平方米以上；

(5) 法定代表人或者执行合伙人是注册后从事房地产估价工作 3 年以上的专职注册房地产估价师；

(6)有限责任公司的股东中有 2 名以上、合伙企业的合伙人中有 2 名以上专职注册房地产估价师，股东或合伙人中有一半以上是注册后从事房地产估价工作 3 年以上的专职注册房地产估价师；

（7）有限责任公司的股份或者合伙企业的出资额中专职注册房地产估价师的股份或者出资额合计不低于60%；

（8）有固定的经营服务场所；

（9）估价质量管理、估价档案管理、财务管理等各项企业内部管理制度健全；

（10）随机抽查的1份房地产估价报告符合《房地产估价规范》的要求。

房地产经纪机构的等级也分为三级，为一级、二级、三级。

一级资质要求：

（1）注册资本100万元以上，由专职房地产经纪人或房地产经纪人协理出资；

（2）有5名以上取得《房地产经纪人执业资格证书》并登记注册的专职房地产经纪人和5名以上取得经纪执业人员资格的人员，10名以上取得《房地产经纪人协理资格证书》并登记注册的专职房地产经纪人协理；

（3）年经营、代理交易房地产价值1000万元以上；

（4）固定办公场地300平方米以上，并建有计算机网络，设有两个以上分支经营点；

（5）从事房地产经纪工作三年以上。

二级资质要求：

（1）注册资本50万元以上，由专职房地产经纪人或房地产经纪人协理出资；

（2）有3名以上取得《房地产经纪人执业资格证书》并登记注册的专职房地产经纪人和2名以上取得经纪执业人员资格的人员，5名以上取得《房地产经纪人协理资格证书》并登记注册专职房地产经纪人协理；

(3)年经营、代理交易房地产价值500万元以上；

(4)固定办公场地100平方米以上，并配备有必要的办公设备；

(5)从事房地产经纪工作两年以上。

三级资质要求：

(1)注册资本20万元以上，由专职房地产经纪人或经纪人协理出资；

(2)具有1名以上取得《房地产经纪人执业资格证书》并登记注册的专职房地产经纪人和2名以上取得经纪执业人员资格的人员,2名以上取得《房地产经纪人协理资格证书》并登记注册的专职房地产经纪人协理；

(3)固定办公场地50平方米以上。

**专家支招：**

本案中，小张想开一家房地产中介服务机构，要根据上述法律规定,结合小张具体经营类型和资质要求进行设立,依法办理登记和批准手续。

## 48.按份共有的房地产,按份共有人未经其他共有人同意可以对外进行转让吗?

**案例：**

2010年8月,小黄与小王共同出资购买了商品房一套,双方约定按照出资比例按份共有该套房屋,其中小黄占有80%份额,小王占有20%份额。2014年3月,小黄在没有得到小王的同意的情况下,想将该套商品房对外转让。他认为自己占有的份额远远超过三分之二,自己有决定权。请问,在此情况下,小黄转让该房屋的行为有效吗?

**专家解析:**

共有,是指某项财产由两个或两个以上的权利主体共同享有所有权,包括公民之间的共有、法人之间的共有以及公民和法人之间的共有。共有分为按份共有和共同共有。

按份共有又称分别共有,是共有人按各自的份额对同一财产享有所有权。按份共有的特征和有关权利、义务的关系是:

(1)各共有人有确定的份额,他们按份分享权益,分担费用。

(2)对共有财产的管理,由共有人协商进行。意见不一致时,按多数份额的意见进行管理,但不得损害其他人的利益。

(3)对共有财产除协商处分外,各共有人对自己的份额可以出卖、赠与,并可继承。但在出卖时,其他共有人有优先购买权。

(4)在共有财产受到侵害时,每一共有人都有权请求返还原物、排除妨碍和赔偿损失,以维护共有的权益。

(5)在分割时按份分配。

共同共有又称公同共有,是基于共同关系发生的、各共有人对共有财产享有平等的所有权。共同共有的特征和有关权利义务的关系是:

(1)共同共有的基础是共同关系,最常见的是夫妻家庭财产。他们对共有财产不分各自的份额,在共同关系存续期间也不能要求分割。

(2)共同共有人对共有财产有平等的所有权,他们经平等协商进行管理、支配和进行处分。

（3）共同共有人对共有财产也承担平等的义务，对外就共同财产负连带责任。

（4）在共同关系终止时，共有财产进行分割，应经平等协商，确定各自的份额。如果意见不一致，可诉请法院处理。

房地产转让，是指房地产权利人通过买卖、赠与或者其他合法方式将其房地产转移给他人的行为。根据《中华人民共和国物权法》第一百零一条规定：按份共有人可以转让其享有的共有的不动产或者动产份额。其他共有人在同等条件下享有优先购买的权利。

但是由于目前我国物权登记条例尚没有出台，而根据《中华人民共和国城市房地产管理法》规定，共有房地产，如果想要转让，就必须得到其他共有人的书面同意。

## 49.土地使用权出让合同约定的使用年限届满，土地使用者未申请续期，土地使用权怎么处理？

**案例：**

王总的公司在其取得土地使用权的土地上进行商业活动，土地使用权出让合同约定的使用年限为40年。现在该公司使用该土地已满40年，且该公司并未申请续期，请问该土地的土地使用权怎么处理？

**专家解析：**

土地使用权是指国家机关、企事业单位、农民集体和公民个人，以及三资企业,凡具备法定条件者,依照法定程序或依约定对国有土地或农民集体土地所享有的占有、利用、收益和有限处分的权利。土地使用权是外延比较大的概念,这里的土地包括农用地、建设用地、未利用地的使用权。

本案例中涉及的土地使用权是指国有土地使用权,国有土地的使用人依法利用土地并取得收益的权利。国有土地使用权的取得方式有划拨、出让、出租、入股等。有偿取得的国有土地使用权可以依法转让、出租、抵押和继承。划拨土地使用权在补办出让手续、补缴或抵交土地使用权出让金之后,才可以转让、出租、抵押。

划拨土地使用权是指经县级以上人民政府依法批准,在土地使用者缴纳补偿、安置等费用后,取得的国有土地使用权,或者经县级以上人民政府依法批准后无偿取得的国有土地使用权。由此可见,划拨土地使用权有两种基本形式:

(1)经县级以上人民政府依法批准,土地使用者缴纳补偿、安置等费用后取得的国有土地使用权。这种划拨土地使用权有两个显著特征:一是土地使用者取得土地使用权必须经县级以上人民政府依法批准,二是土地使用者取得土地使用权必须缴纳补偿、安置等费用。

(2)经县级以上人民政府依法批准后,土地使用者无偿取得的土地使用权。这种划拨土地使用权也有两个显著特征:一是土地使用者取得土地使用权必须经县级以上人民政府依法批准,二是土地使用者取得土地使用权是无偿的,也就是说无须缴纳任何费用、支付任何经济上的代价。

而出让土地使用权是指国家以土地所有者的身份将国有土地使用权在一定年限内让与土地使用者。由土地使用者向国家支付土地使用权出让金后取得的土地使用权。取得出让土地使用权有以下几个特征：

（1）取得的土地使用权是有偿的。土地使用者取得一定年限内的土地使用权应向国家支付土地使用权出让金。国家凭借土地所有权取得的土地经济效益，表现为一定年期内的地租，一般以土地使用者向国家支付一定数额的货币为表现形式。

（2）取得的土地使用权是有期限的。土地使用者享有土地使用权的期限以出让年限为限。出让年限由出让合同约定，但不得超过法律限定的最高年限。

（3）取得的土地使用权是一种物权。土地使用权出让是以土地所有权与土地使用权分离为基础的。土地使用权出让后，在出让期限内受让人实际享有对土地占有、使用、收益和处分的权利，其使用权在使用年限内可以依法转让、出租、抵押或者用于其他经济活动，合法权益受国家法律保护。土地使用权出让的形式有三种，即协议出让、招标出让和拍卖出让。

根据我国《城镇国有土地使用权出让和转让暂行条例》第十二条规定，土地使用权出让最高年限按下列用途确定：

居住用地 70 年；

工业用地 50 年；

教育、科技、文化、卫生、体育用地无期；

商业、旅游、娱乐用地 40 年；

仓储用地 50 年；

综合或者其他用地 50 年。

根据《中华人民共和国城市房地产管理法》第二十二条的规定，土地使用权出让合同约定的使用年限届满，土地使用者需要继续使用土地的,应当至迟于届满前一年申请续期,除根据社会公共利益需要收回该幅土地的,应当予以批准。经批准准予续期的,应当重新签订土地使用权出让合同,依照规定支付土地使用权出让金。

土地使用权出让合同约定的使用年限届满,土地使用者未申请续期或者虽申请续期但依照前款规定未获批准的,土地使用权由国家无偿收回。

**专家支招:**

本案中,王总的公司在其取得土地使用权的土地上进行商业活动,土地使用权出让合同约定的使用年限为40年。现在王总的公司使用该土地已满40年,且该公司并未申请续期。根据《中华人民共和国城市房地产管理法》第二十二条的规定,该土地的土地使用权由国家无偿收回。

## 50.以出让方式取得土地使用权进行房地产开发的,超过出让合同约定的动工开发日期满一年未动工开发的,怎么办?

**案例:**

李总的公司以出让方式取得土地使用权进行房地产开发,但是超过出让合同约定的动工开发日期一年以后仍未动工开发。请问,这种情况下,李总的公司要承担什么法律责任?

**专家解析:**

根据《中华人民共和国城市房地产管理法》第二十六条的规定,以出让方式取得土地使用权进行房地产开发的，必须按照土地使用权出让合同约定的土地用途、动工开发期限开发土地。超过出让合同约定的动工开发日期满一年未动工开发的，可以征收相当于土地使用权出让金 20%以下的土地闲置费；满二年未动工开发的，可以无偿收回土地使用权；但是，因不可抗力或者政府、政府有关部门的行为或者动工开发必需的前期工作造成动工开发迟延的除外。该法条明确规定了以出让方式取得土地使用权进行房地产开发的，未按照土地使用权出让合同约定的土地用途、动工开发期限开发土地的法律责任。

**专家支招：**

李总的公司以出让方式取得土地使用权进行房地产开发，但是超过出让合同约定的动工开发日期一年以后仍未动工开发。根据《中华人民共和国城市房地产管理法》第二十六条的规定，李总的公司可能要承担相当于土地使用权出让金百分之二十以下的土地闲置费。

## 51.成立房地产开发企业需要满足哪些条件？

**案例：**

高总的公司一直从事服装销售业务，在国内有一定的影响力。高总决定另外成立房地产开发企业，请问需要什么条件？

**专家解析：**

房地产开发企业是以营利为目的，从事房地产开发和经营的企业。

设立房地产开发企业,应当具备下列条件:

(1)有自己的名称和组织机构。

(2)有固定的经营场所。

(3)有符合国务院规定的注册资本。房地产开发企业是资金密集性企业,对其注册资金的要求高于一般经营性、劳务性、中介性的企业。目前建设部按照房地产开发企业的资质等级,规定了不同的注册资本要求。这有助于扼制房地产开发领域过于严重的投机态势,降低房地产投资风险,保障交易安全。

(4)有足够的专业技术人员。房地产开发是一项专业性很强的经营活动。开发商拥有足够的专业技术人员系为保障开发项目产品的安全及开发中其他社会效益和环境效益实现的必要条件。目前,建设部按照房地产开发企业的资质等级,规定了不同的专业技术人员要求。

(5)法律、行政法规规定的其他条件。

同时,设立房地产开发企业应经过以下程序:

(1)应当向工商行政管理部门申请设立登记,工商行政管理部门对不符合上述条件的,不予登记。

(2)房地产开发企业在领取营业执照后的 1 个月内,应当到登记所在地的县级以上地方人民政府规定的部门备案。

房地产开发企业经营活动的主要业务房地产是房产与地产的总称。房地产开发可将土地和房屋合在一起开发,也可将土地和房屋分开开发。房地产开发企业就是从事房地产开发和经营的企业,它既是房地产产品的生产者,又是房地产商品的经营者。进行的主要业务有:

(1)土地的开发与经营。企业将有偿获得的土地开发完成后,既可有偿转让给其他单位使用,也可自行组织建造房屋和其他设施,然后作为商品作价出售,还可以开展土地出租业务。

(2)房屋的开发与经营。房屋的开发指房屋的建造。房屋的经营指房屋的销售与出租。企业可以在开发完成的土地上继续开发房屋,开发完成后,可作为商品作价出售或出租。企业开发的房屋,按用途可分为商品房、出租房、周转房、安置房和代建房等。

(3)城市基础设施和公共配套设施的开发。

(4)代建工程的开发。代建工程的开发是企业接受政府和其他单位委托,代为开发的工程。

**专家支招:**

本案中,高总决定另外成立房地产开发企业。需要满足上述条件后,按照上述程序进行成立。

# 52.一般情况下,房地产项目开发建设有哪些流程?

**专家解析:**

房地产开发建设是一项十分复杂的系统工程,每一个项目都必须根据自身客观实际需要进行详细的论证和筹划,以确保项目的顺利实施。

一、房地产项目可行性研究阶段

1.可行性研究的概念、任务及目的。

可行性研究,可行性研究方法是以预测为前提,以投资效果为目的,从技术上、经济上、管理上进行全面综合分析研究的方法。可行性研究的基本任务,是对新建或改建项目的主要问题,从技术经济角度进行全面的分析研究,并对其投产后的经济效果进行预测,在既定的范围内进行方案论证的选择,以便最合理地利用资源,达到预定的社会效益和经济效益。可行性研究的根本目的是实现项目决策的科学化、民主化,减少或避免投资决策的失误,提高项目开发建设的经济、社会和环境效益。

2.可行性研究的内容。

一般来说,房地产项目可行性研究的主要内容可以从以下几个方面进行分析和论证:

(1)项目概况;

(2)开发项目用地的现场调查及动迁安置;

(3)市场分析和建设规模的确定;

(4)规划设计影响和环境保护;

(5)资源供给及资本运作方案;

(6)环境影响和环境保护;

(7)项目开发模式、组织机构、岗位需求、管理费用的研究;

(8)开发建设节点计划;

(9)项目经济及社会效益分析;

(10)结论及建议。

3.可行性研究的工作阶段。

(1)投资机会研究。该阶段的主要任务是对投资项目主要是土地进行初步摸底和意向性谈判,并对投资项目或投资方向提出建议。

(2)初步可行性研究。这一阶段亦称"预可行性研究",即在投资机会研究的基础上，进一步对项目建设的可能性与潜在效益进行论证分析。

（3）详细可行性研究。即通常所说的可行性研究，这一阶段是开发建设项目投资决策的基础，是在分析项目在技术上、财务上、经济上的可行性后作出投资与否决策的关键步骤。

（4）项目的评估和决策。按照国家有关规定，对于大中型和限额以上的项目及重要的小型项目，必须经有权审批单位委托有资格的咨询评估单位就项目可行性研究报告进行评估论证。未经评估的建设项目，任何单位不准审批，更不准组织建设。

二、前期准备阶段

（一）获取土地使用权

1.开发商获取土地使用权的主要方式：

（1）通过行政划拨方式取得；

（2）旧城改造取得中标地块国有土地使用权；

（3）转让取得；

（4）出让方式取得（招标、拍卖、协议出让三种方式）；

（5）联合开发并报有关主管部门立项、审批后取得；

（6）通过司法裁决取得；

（7）通过兼并、收购等股权重组方式取得。

2.土地使用权有偿出让的方式。

土地使用权有偿出让的方式，是指政府作为国有土地的代表以什么形式或程序将国有土地使用权让与土地使用者。根据《中华人民共和国城镇国有土地使用权出让和转让暂行条例》规定，国有土地使用权的出让方式有四种：协议、招标、拍卖及挂牌。

(1)协议出让指土地使用权的有意受让人直接向国有土地的代表提出有偿使用土地的愿望，由国有土地的代表与有意受让人进行一对一的谈判和切磋、协商出让土地使用权的有关事宜的这样一种出让方式。

(2)招标出让国有土地使用权，是指市、县人民政府土地行政主管部门发布招标公告，邀请特定或者不特定的公民、法人和其他组织参加国有土地使用权投标，根据投标结果确定土地使用者的出让方式。

(3)拍卖出让国有土地使用权，是指出让人发布拍卖公告，由竞买人在指定时间、地点进行公开竞价，根据出价结果按"价高者得"的原则确定土地使用者的出让方式。

(4)挂牌出让国有土地使用权，是指出让人发布挂牌公告，按公告规定的期限将拟出让宗地的交易条件在指定的土地交易场所挂牌公布，接受竞买人的报价申请并更新挂牌价格，根据挂牌期限截止时的出价结果确定土地使用者的行为。

根据《招标拍卖挂牌出让国有土地使用权规定》，商业、旅游、娱乐和商品住宅等各类经营性用地，必须以招标、拍卖或者挂牌方式出让。

(二)取得建设规划许可

建设工程规划管理的主要内容有：在已开发使用的城镇国有土地范围，项目规划申报的基本步骤是：

(1)在项目建议书报批或可行性研究报告编制之前，开发商要向规划局申报规划要点，规划管理部门应在要点通知书中对批复时的参考依据。

(2)在项目建议书批复后，开发商应向规划局申报项目选址、定点，即向申请单位下发选址规划意见通知书，对项目用地的位置、面积、范围等提供较详细的意见,并须同时下达规划设计条件。

(3)规划设计条件,是项目选址后,由建设单位申请,规划部门下达的委托设计机构进行规划方案设计的依据性文件。开发商在完成方案设计后,须向规划部门提出审定申请。

(4)通过审定的设计方案,是编制初步设计或施工图的依据,也是取得建设用地规划许可证的必备条件。

(5)开发商依据审定的设计方案通知书和可行性研究报告批复,并在规划主管部门征询土地及拆迁部门有关用地及拆迁安置的意见后,应向规划局申领建设用地规划许可证,该证是取得土地使用权的必备文件。

(6)申领建设工程规划许可证,是在项目列入年度正式计划后,申请办理开工手续之前,需进行的验证工程建设符合规划要求的最后法定程序,该证申办开工的必备文件。进行营利性的房地产开发,必须取得国有土地使用权才能进行。根据《城市房地产管理法》的有关规定,房地产开发用地一级市场取得方式有两种:即出让和划拨。通过出让方式取得使用权的法律凭证是国有土地使用权证;通过划拨取得土地使用权的临时证件是建设用地批准书或划拨决定书。

三、工程建设阶段

工程建设阶段是将开发过程涉及到的人力、材料、机械设备、资金等资源聚集在一个特定的时空点上所从事的施工生产活动。施工阶段的工作包括:

1.施工用水电及通讯线路接通,保证施工需要;

2.施工场地平整,达到施工条件;

3.施工通道疏通,满足施工运输条件;

4.施工图纸及施工资料准备；

5.施工材料和施工设备的准备；

6.临时用地或临时占道手续办理；

7.施工许可批文及办理开工手续；

8.确定水准点与坐标控制点，进行现场交验；

9.组织图纸会审、设计交底；

10.编制工程进度计划；

11.设计、施工、监理单位的协调。

关于工程建设施工阶段的法律问题在本书建设工程法律实务章节中已经详细进行了论述和介绍，读者可参考相关内容。

四、项目销售阶段

商品房销售有商品房预售和现售两种方式。商品房预售是指房地产开发企业将正在建设中的房屋预先出售给承购人，由承购人支付定金或房价款的行为。而商品房现售，则是指房地产开发企业将竣工验收合格的商品房出售给买受人，并由买受人支付房价款的行为。商品房预售实行许可证制度。开发企业进行商品房预售，应当向城市、县房地产管理部门办理预售登记，取得《商品房预售许可证》。未取得《商品房预售许可证》的，不得进行商品房预售。

开发企业申请办理《商品房预售许可证》应当提交下列证件（复印件）及资料：

1.已交付全部土地使用权出让金，取得土地使用权证书；

2.建设工程规划许可证和施工许可证；

3.按提供预售的商品房计算，投入开发建设的资金达到工程建设总投资的 25% 以上，并已经确定施工进度和竣工交付日期。

4.开发企业的《营业执照》和资质等级证书；

5.工程施工合同；

6.商品房预售方案。

预售方案应当说明商品房的位置、装修标准、竣工交付日期、预售总面积、交付使用后的物业管理等内容，并应当附商品房预售总平面图、分层平面图。

五、项目竣工验收阶段

(一)项目竣工验收的程序：

1.施工单位在建设工程完工后向建设单位提交竣工报告；

2.建设单位收到工程竣工报告后，对符合竣工验收要求的工程，组织勘察、设计、施工、监理等单位和其他有关方面的专家组成验收组，制定验收方案。

3.建设单位应当在工程竣工验收 7 个工作日前将验收的时间、地点及验收组名单书面通知负责监督该工程的工程质量监督机构。

4.建设单位组织工程竣工验收。

(二)项目竣工验收的内容

1.建设、勘察、设计、施工、监理单位分别汇报工程合同履约和在工程建设各个环节执行法律、法规和工程建设强制性标准的情况；

2.审阅建设、勘察、设计、施工、监理单位的工程档案资料；

3.实地查验工程质量；

4.对工程勘察、设计、施工、设备安装质量和各管理环节等方面作出全面评价，形成经验收组人员签署的工程竣工验收意见。

建设单位应当自工程竣工验收合格之日起 15 日内，依照本办法规定，向工程所在地的县级以上地方人民政府建设行政主管部门(以下简称备案机关)备案。

（三）竣工验收备案

建设单位办理工程竣工验收备案应当提交下列文件：

1.工程竣工验收备案表。

2.工程竣工验收报告。竣工验收报告应当包括工程报建日期,施工许可证号,施工图设计文件审查意见,勘察、设计、施工、工程监理等单位分别签署的质量合格文件及验收人员签署的竣工验收原始文件,市政基础设施的有关质量检测和功能性试验资料以及备案机关认为需要提供的有关资料。

3.法律、行政法规规定应当由规划、公安消防、环保等部门出具的认可文件或者准许使用文件。

4.施工单位签署的工程质量保修书。

5.法规、规章规定必须提供的其他文件。

商品住宅还应当提交《住宅质量保证书》和《住宅使用说明书》。

（四）申办建设工程规划验收

建设工程竣工验收后 3 个月内，建设单位应向原批准的城市规划行政主管部门申报建设工程规划验收。所需提交的申报资料如下：

1.填写《建设工程规划验收申请表》；

2.市勘测设计院测绘的竣工图；

3.建设用地规划许可证；

4.建设工程规划许可证；

5.土地使用权权证；

6.拆迁验收审批书；

7.经审定的规划总平面图；

8.建筑核位红线图；

9.建设工程红线定位图册；

10.属成片小区的还需要提交市政工程、管线等相关设计资料；

11.其他相关资料。

## 六、权属登记

房地产权属登记，是指由房地产行政管理部门对房屋所有权及其相应的土地使用权，以及由上述权利产生的抵押权、典权等房地产他项权利进行的登记并对登记的房地产依法进行审查和确认权属，核发房地产权属证书的行为。房地产权属登记分为总登记、初始登记、转移登记、变更登记、他项权利登记和注销登记。新建商品房屋的,应当在房屋竣工之后三个月内向有管辖权的登记部门申请房屋所有权、土地使用权的初始登记,并且提交下列文件：

1.申请表；

2.房地产开发资质许可证；

3.建筑工程规划许可证(含规划办、处罚证明)；

4.建筑红线定位图；

5.建筑施工许可证；

6.竣工验收证明；

7.工商营业执照复印件；

8.法人代表身份证复印件；

9.授权委托书及代理人身份证复印件；

10.房屋平面图；

11.土地使用权属证件(查验证件)；

12.建设用地规划许可证(查验证件)；

13.用地红线图(查验证件)。

七、物业移交

开发建设单位应当与物业管理企业订立前期物业管理服务合同，该合同至业主委员会与其选聘的物业管理企业订立物业管理服务合同生效时终止。

附录一：

# 中华人民共和国建筑法

（1997 年 11 月 1 日第八届全国人民代表大会常务委员会第二十八次会议通过根据 2011 年 4 月 22 日第十一届全国人民代表大会常务委员会第二十次会议《关于修改〈中华人民共和国建筑法〉的决定》修正）

## 第一章 总 则

**第一条** 为了加强对建筑活动的监督管理，维护建筑市场秩序，保证建筑工程的质量和安全，促进建筑业健康发展，制定本法。

**第二条** 在中华人民共和国境内从事建筑活动，实施对建筑活动的监督管理，应当遵守本法。

本法所称建筑活动，是指各类房屋建筑及其附属设施的建造和与其配套的线路、管道、设备的安装活动。

**第三条** 建筑活动应当确保建筑工程质量和安全，符合国家的建筑工程安全标准。

**第四条** 国家扶持建筑业的发展，支持建筑科学技术研究，提高房屋建筑设计水平，鼓励节约能源和保护环境，提倡采用先进技术、先进设备、先进工艺、新型建筑材料和现代管理方式。

**第五条** 从事建筑活动应当遵守法律、法规,不得损害社会公共利益和他人的合法权益。

任何单位和个人都不得妨碍和阻挠依法进行的建筑活动。

**第六条** 国务院建设行政主管部门对全国的建筑活动实施统一监督管理。

## 第二章 建筑许可

### 第一节 建筑工程施工许可

**第七条** 建筑工程开工前,建设单位应当按照国家有关规定向工程所在地县级以上人民政府建设行政主管部门申请领取施工许可证;但是,国务院建设行政主管部门确定的限额以下的小型工程除外。

按照国务院规定的权限和程序批准开工报告的建筑工程,不再领取施工许可证。

**第八条** 申请领取施工许可证,应当具备下列条件:

(一)已经办理该建筑工程用地批准手续;

(二)在城市规划区的建筑工程,已经取得规划许可证;

(三)需要拆迁的,其拆迁进度符合施工要求;

(四)已经确定建筑施工企业;

(五)有满足施工需要的施工图纸及技术资料;

(六)有保证工程质量和安全的具体措施;

(七)建设资金已经落实;

(八)法律、行政法规规定的其他条件。

建设行政主管部门应当自收到申请之日起十五日内,对符合条件的申请颁发施工许可证。

**第九条** 建设单位应当自领取施工许可证之日起三个月内开工。因故不能按期开工的,应当向发证机关申请延期;延期以两次为限,每次不超过三个月。既不开工又不申请延期或者超过延期时限的,施工许可证自行废止。

**第十条** 在建的建筑工程因故中止施工的,建设单位应当自中止施工之日起一个月内,向发证机关报告,并按照规定做好建筑工程的维护管理工作。

建筑工程恢复施工时,应当向发证机关报告;中止施工满一年的工程恢复施工前,建设单位应当报发证机关核验施工许可证。

**第十一条** 按照国务院有关规定批准开工报告的建筑工程,因故不能按期开工或者中止施工的,应当及时向批准机关报告情况。因故不能按期开工超过六个月的,应当重新办理开工报告的批准手续。

## 第二节 从业资格

**第十二条** 从事建筑活动的建筑施工企业、勘察单位、设计单位和工程监理单位,应当具备下列条件:

(一)有符合国家规定的注册资本;

(二)有与其从事的建筑活动相适应的具有法定执业资格的专业技术人员;

(三)有从事相关建筑活动所应有的技术装备;

(四)法律、行政法规规定的其他条件。

**第十三条** 从事建筑活动的建筑施工企业、勘察单位、设计单位和工程监理单位,按照其拥有的注册资本、专业技术人员、技术装备和已完成的建筑工程业绩等资质条件,划分为不同的资质等级,经资质审查合格,取得相应等级的资质证书后,方可在其资质等级许可的范围内从事建筑活动。

**第十四条** 从事建筑活动的专业技术人员,应当依法取得相应的执业资格证书,并在执业资格证书许可的范围内从事建筑活动。

## 第三章 建筑工程发包与承包

### 第一节 一般规定

**第十五条** 建筑工程的发包单位与承包单位应当依法订立书面合同,明确双方的权利和义务。

发包单位和承包单位应当全面履行合同约定的义务。不按照合同约定履行义务的,依法承担违约责任。

**第十六条** 建筑工程发包与承包的招标投标活动,应当遵循公开、公正、平等竞争的原则,择优选择承包单位。

建筑工程的招标投标,本法没有规定的,适用有关招标投标法律的规定。

**第十七条** 发包单位及其工作人员在建筑工程发包中不得收受贿赂、回扣或者索取其他好处。

承包单位及其工作人员不得利用向发包单位及其工作人员行贿、提供回扣或者给予其他好处等不正当手段承揽工程。

**第十八条** 建筑工程造价应当按照国家有关规定,由发包单位与承包单位在合同中约定。公开招标发包的,其造价的约定,须遵守招标投标法律的规定。

发包单位应当按照合同的约定,及时拨付工程款项。

## 第二节 发 包

**第十九条** 建筑工程依法实行招标发包,对不适于招标发包的可以直接发包。

**第二十条** 建筑工程实行公开招标的,发包单位应当依照法定程序和方式,发布招标公告,提供载有招标工程的主要技术要求、主要的合同条款、评标的标准和方法以及开标、评标、定标的程序等内容的招标文件。

开标应当在招标文件规定的时间、地点公开进行。开标后应当按照招标文件规定的评标标准和程序对标书进行评价、比较,在具备相应资质条件的投标者中,择优选定中标者。

**第二十一条** 建筑工程招标的开标、评标、定标由建设单位依法组织实施,并接受有关行政主管部门的监督。

**第二十二条** 建筑工程实行招标发包的,发包单位应当将建筑工程发包给依法中标的承包单位。建筑工程实行直接发包的,发包单位应当将建筑工程发包给具有相应资质条件的承包单位。

**第二十三条** 政府及其所属部门不得滥用行政权力,限定发包单位将招标发包的建筑工程发包给指定的承包单位。

**第二十四条** 提倡对建筑工程实行总承包,禁止将建筑工程肢解发包。

建筑工程的发包单位可以将建筑工程的勘察、设计、施工、设备采购一并发包给一个工程总承包单位,也可以将建筑工程勘察、设计、施工、设备采购的一项或者多项发包给一个工程总承包单位;但是,不得将应当由一个承包单位完成的建筑工程肢解成若干部分发包给几个承包单位。

第二十五条 按照合同约定,建筑材料、建筑构配件和设备由工程承包单位采购的,发包单位不得指定承包单位购入用于工程的建筑材料、建筑构配件和设备或者指定生产厂、供应商。

## 第三节 承　包

第二十六条 承包建筑工程的单位应当持有依法取得的资质证书,并在其资质等级许可的业务范围内承揽工程。

禁止建筑施工企业超越本企业资质等级许可的业务范围或者以任何形式用其他建筑施工企业的名义承揽工程。禁止建筑施工企业以任何形式允许其他单位或者个人使用本企业的资质证书、营业执照,以本企业的名义承揽工程。

第二十七条 大型建筑工程或者结构复杂的建筑工程,可以由两个以上的承包单位联合共同承包。共同承包的各方对承包合同的履行承担连带责任。

两个以上不同资质等级的单位实行联合共同承包的,应当按照资质等级低的单位的业务许可范围承揽工程。

第二十八条 禁止承包单位将其承包的全部建筑工程转包给他人,禁止承包单位将其承包的全部建筑工程肢解以后以分包的名义分别转包给他人。

第二十九条 建筑工程总承包单位可以将承包工程中的部分工程发包给具有相应资质条件的分包单位;但是,除总承包合同中约定的分包外,必须经建设单位认可。施工总承包的,建筑工程主体结构的施工必须由总承包单位自行完成。

建筑工程总承包单位按照总承包合同的约定对建设单位负责;分包单位按照分包合同的约定对总承包单位负责。总承包单位和分包单位就分包工程对建设单位承担连带责任。

禁止总承包单位将工程分包给不具备相应资质条件的单位。禁止分包单位将其承包的工程再分包。

## 第四章 建筑工程监理

**第三十条** 国家推行建筑工程监理制定。

国务院可以规定实行强制监理的建筑工程的范围。

**第三十一条** 实行监理的建筑工程,由建设单位委托具有相应资质条件的工程监理单位监理。建设单位与其委托的工程监理单位应当订立书面委托监理合同。

**第三十二条** 建筑工程监理应当依照法律、行政法规及有关的技术标准、设计文件和建筑工程承包合同,对承包单位在施工质量、建设工期和建设资金使用等方面,代表建设单位实施监督。

工程监理人员认为工程施工不符合工程设计要求、施工技术标准和合同约定的,有权要求建筑施工企业改正。

工程监理人员发现工程设计不符合建筑工程质量标准或者合同约定的质量要求的,应当报告建设单位要求设计单位改正。

**第三十三条** 实施建筑工程监理前,建设单位应当将委托的工程监理单位、监理的内容及监理权限,书面通知被监理的建筑施工企业。

**第三十四条** 工程监理单位应当在其资质等级许可的监理范围内,承担工程监理业务。

工程监理单位应当根据建设单位的委托,客观、公正地执行监理任务。

工程监理单位与被监理工程的承包单位以及建筑材料、建筑构配件和设备供应单位不得有隶属关系或者其他利害关系。

工程监理单位不得转让工程监理业务。

**第三十五条** 工程监理单位不按照委托监理合同的约定履行监理义务,对应当监督检查的项目不检查或者不按照规定检查,给建设单位造成损失的,应当承担相应的赔偿责任。

工程监理单位与承包单位串通,为承包单位谋取非法利益,给建设单位造成损失的,应当与承包单位承担连带赔偿责任。

## 第五章  建筑安全生产管理

**第三十六条** 建筑工程安全生产管理必须坚持安全第一、预防为主的方针,建立健全安全生产的责任制度和群防群治制度。

**第三十七条** 建筑工程设计应当符合按照国家规定制定的建筑安全规程和技术规范,保证工程的安全性能。

**第三十八条** 建筑施工企业在编制施工组织设计时,应当根据建筑工程的特点制定相应的安全技术措施;对专业性较强的工程项目,应当编制专项安全施工组织设计,并采取安全技术措施。

**第三十九条** 建筑施工企业应当在施工现场采取维护安全、防范危险、预防火灾等措施;有条件的,应当对施工现场实行封闭管理。

施工现场对毗邻的建筑物、构筑物和特殊作业环境可能造成损害的,建筑施工企业应当采取安全防护措施。

**第四十条** 建设单位应当向建筑施工企业提供与施工现场相关的地下管线资料,建筑施工企业应当采取措施加以保护。

**第四十一条** 建筑施工企业应当遵守有关环境保护和安全生产的法律、法规的规定,采取控制和处理施工现场的各种粉尘、废气、废水、固体废物以及噪声、振动对环境的污染和危害的措施。

**第四十二条** 有下列情形之一的,建设单位应当按照国家有关规定办理申请批准手续:

(一)需要临时占用规划批准范围以外场地的;

(二)可能损坏道路、管线、电力、邮电通讯等公共设施的;

(三)需要临时停水、停电、中断道路交通的;

(四)需要进行爆破作业的;

(五)法律、法规规定需要办理报批手续的其他情形。

**第四十三条** 建设行政主管部门负责建筑安全生产的管理,并依法接受劳动行政主管部门对建筑安全生产的指导和监督。

**第四十四条** 建筑施工企业必须依法加强对建筑安全生产的管理,执行安全生产责任制度,采取有效措施,防止伤亡和其他安全生产事故的发生。

建筑施工企业的法定代表人对本企业的安全生产负责。

**第四十五条** 施工现场安全由建筑施工企业负责。实行施工总承包的,由总承包单位负责。分包单位向总承包单位负责,服从总承包单位对施工现场的安全生产管理。

**第四十六条** 建筑施工企业应当建立健全劳动安全生产教育培训

制度，加强对职工安全生产的教育培训；未经安全生产教育培训的人员，不得上岗作业。

第四十七条 建筑施工企业和作业人员在施工过程中，应当遵守有关安全生产的法律、法规和建筑行业安全规章、规程，不得违章指挥或者违章作业。作业人员有权对影响人身健康的作业程序和作业条件提出改进意见，有权获得安全生产所需的防护用品。作业人员对危及生命安全和人身健康的行为有权提出批评、检举和控告。

第四十八条 建筑施工企业应当依法为职工参加工伤保险缴纳工伤保险费。鼓励企业为从事危险作业的职工办理意外伤害保险，支付保险费。

第四十九条 涉及建筑主体和承重结构变动的装修工程，建设单位应当在施工前委托原设计单位或者具有相应资质条件的设计单位提出设计方案；没有设计方案的，不得施工。

第五十条 房屋拆除应当由具备保证安全条件的建筑施工单位承担，由建筑施工单位负责人对安全负责。

第五十一条 施工中发生事故时，建筑施工企业应当采取紧急措施减少人员伤亡和事故损失，并按照国家有关规定及时向有关部门报告。

## 第六章　建筑工程质量管理

第五十二条 建筑工程勘察、设计、施工的质量必须符合国家有关建筑工程安全标准的要求，具体管理办法由国务院规定。

有关建筑工程安全的国家标准不能适应确保建筑安全的要求时，应当及时修订。

第五十三条 国家对从事建筑活动的单位推行质量体系认证制度。从事建筑活动的单位根据自愿原则可以向国务院产品质量监督管理部门或者国务院产品质量监督管理部门授权的部门认可的认证机构申请质量体系认证。经认证合格的,由认证机构颁发质量体系认证证书。

第五十四条 建设单位不得以任何理由,要求建筑设计单位或者建筑施工企业在工程设计或者施工作业中,违反法律、行政法规和建筑工程质量、安全标准,降低工程质量。

建筑设计单位和建筑施工企业对建设单位违反前款规定提出的降低工程质量的要求,应当予以拒绝。

第五十五条 建筑工程实行总承包的,工程质量由工程总承包单位负责,总承包单位将建筑工程分包给其他单位的,应当对分包工程的质量与分包单位承担连带责任。分包单位应当接受总承包单位的质量管理。

第五十六条 建筑工程的勘察、设计单位必须对其勘察、设计的质量负责。勘察、设计文件应当符合有关法律、行政法规的规定和建筑工程质量、安全标准、建筑工程勘察、设计技术规范以及合同的约定。设计文件选用的建筑材料、建筑构配件和设备,应当注明其规格、型号、性能等技术指标,其质量要求必须符合国家规定的标准。

第五十七条 建筑设计单位对设计文件选用的建筑材料、建筑构配件和设备,不得指定生产厂、供应商。

第五十八条 建筑施工企业对工程的施工质量负责。

建筑施工企业必须按照工程设计图纸和施工技术标准施工,不得偷工减料。工程设计的修改由原设计单位负责,建筑施工企业不得擅自修改工程设计。

**第五十九条** 建筑施工企业必须按照工程设计要求、施工技术标准和合同的约定,对建筑材料、建筑构配件和设备进行检验,不合格的不得使用。

**第六十条** 建筑物在合理使用寿命内,必须确保地基基础工程和主体结构的质量。

建筑工程竣工时,屋顶、墙面不得留有渗漏、开裂等质量缺陷;对已发现的质量缺陷,建筑施工企业应当修复。

**第六十一条** 交付竣工验收的建筑工程,必须符合规定的建筑工程质量标准,有完整的工程技术经济资料和经签署的工程保修书,并具备国家规定的其他竣工条件。

建筑工程竣工经验收合格后,方可交付使用;未经验收或者验收不合格的,不得交付使用。

**第六十二条** 建筑工程实行质量保修制度。

建筑工程的保修范围应当包括地基基础工程、主体结构工程、屋面防水工程和其他土建工程,以及电气管线、上下水管线的安装工程,供热、供冷系统工程等项目;保修的期限应当按照保证建筑物合理寿命年限内正常使用,维护使用者合法权益的原则确定。具体的保修范围和最低保修期限由国务院规定。

**第六十三条** 任何单位和个人对建筑工程的质量事故、质量缺陷都有权向建设行政主管部门或者其他有关部门进行检举、控告、投诉。

## 第七章 法律责任

**第六十四条** 违反本法规定,未取得施工许可证或者开工报告未经批准擅自施工的,责令改正,对不符合开工条件的责令停止施工,可以处以罚款。

**第六十五条** 发包单位将工程发包给不具有相应资质条件的承包单位的,或者违反本法规定将建筑工程肢解发包的,责令改正,处以罚款。

超越本单位资质等级承揽工程的,责令停止违法行为,处以罚款,可以责令停业整顿,降低资质等级;情节严重的,吊销资质证书;有违法所得的,予以没收。

未取得资质证书承揽工程的,予以取缔,并处罚款;有违法所得的,予以没收。

以欺骗手段取得资质证书的,吊销资质证书,处以罚款;构成犯罪的,依法追究刑事责任。

**第六十六条** 建筑施工企业转让、出借资质证书或者以其他方式允许他人以本企业的名义承揽工程的,责令改正,没收违法所得,并处罚款,可以责令停业整顿,降低资质等级;情节严重的,吊销资质证书。对因该项承揽工程不符合规定的质量标准造成的损失,建筑施工企业与使用本企业名义的单位或者个人承担连带赔偿责任。

**第六十七条** 承包单位将承包的工程转包的,或者违反本法规定进行分包的,责令改正,没收违法所得,并处罚款,可以责令停业整顿,降低资质等级;情节严重的,吊销资质证书。

承包单位有前款规定的违法行为的,对因转包工程或者违法分包的工程不符合规定的质量标准造成的损失,与接受转包或者分包的单位承担连带赔偿责任。

**第六十八条** 在工程发包与承包中索贿、受贿、行贿,构成犯罪的,依法追究刑事责任;不构成犯罪的,分别处以罚款,没收贿赂的财物,对直接负责的主管人员和其他直接责任人员给予处分。

对在工程承包中行贿的承包单位,除依照前款规定处罚外,可以责令停业整顿,降低资质等级或者吊销资质证书。

**第六十九条** 工程监理单位与建设单位或者建筑施工企业串通,弄虚作假、降低工程质量的,责令改正,处以罚款,降低资质等级或者吊销资质证书;有违法所得的,予以没收;造成损失的,承担连带赔偿责任;构成犯罪的,依法追究刑事责任。

工程监理单位转让监理业务的,责令改正,没收违法所得,可以责令停业整顿,降低资质等级;情节严重的,吊销资质证书。

**第七十条** 违反本法规定,涉及建筑主体或者承重结构变动的装修工程擅自施工的,责令改正,处以罚款;造成损失的,承担赔偿责任;构成犯罪的,依法追究刑事责任。

**第七十一条** 建筑施工企业违反本法规定,对建筑安全事故隐患不采取措施予以消除的,责令改正,可以处以罚款;情节严重的,责令停业整顿,降低资质等级或者吊销资质证书;构成犯罪的,依法追究刑事责任。

建筑施工企业的管理人员违章指挥、强令职工冒险作业,因而发生重大伤亡事故或者造成其他严重后果的,依法追究刑事责任。

**第七十二条** 建设单位违反本法规定,要求建筑设计单位或者建筑施工企业违反建筑工程质量、安全标准,降低工程质量的,责令改正,可以处以罚款;构成犯罪的,依法追究刑事责任。

**第七十三条** 建筑设计单位不按照建筑工程质量、安全标准进行设计的,责令改正,处以罚款;造成工程质量事故的,责令停业整顿,降低资质等级或者吊销资质证书,没收违法所得,并处罚款;造成损失的,承担赔偿责任;构成犯罪的,依法追究刑事责任。

　　**第七十四条** 建筑施工企业在施工中偷工减料的,使用不合格的建筑材料、建筑构配件和设备的,或者有其他不按照工程设计图纸或者施工技术标准施工的行为的,责令改正,处以罚款;情节严重的,责令停业整顿,降低资质等级或者吊销资质证书;造成建筑工程质量不符合规定的质量标准的,负责返工、修理,并赔偿因此造成的损失;构成犯罪的,依法追究刑事责任。

　　**第七十五条** 建筑施工企业违反本法规定,不履行保修义务或者拖延履行保修义务的,责令改正,可以处以罚款,并对在保修期内因屋顶、墙面渗漏、开裂等质量缺陷造成的损失,承担赔偿责任。

　　**第七十六条** 本法规定的责令停业整顿、降低资质等级和吊销资质证书的行政处罚,由颁发资质证书的机关决定;其他行政处罚,由建设行政主管部门或者有关部门依照法律和国务院规定的职权范围决定。

　　依照本法规定被吊销资质证书的,由工商行政管理部门吊销其营业执照。

　　**第七十七条** 违反本法规定,对不具备相应资质等级条件的单位颁发该等级资质证书的,由其上级机关责令收回所发的资质证书,对直接负责的主管人员和其他直接责任人员给予行政处分;构成犯罪的,依法追究刑事责任。

　　**第七十八条** 政府及其所属部门的工作人员违反本法规定,限定发包单位将招标发包的工程发包给指定的承包单位的,由上级机关责令改正;构成犯罪的,依法追究刑事责任。

　　**第七十九条** 负责颁发建筑工程施工许可证的部门及其工作人员对不符合施工条件的建筑工程颁发施工许可证的,负责工程质量监督检查或者竣工验收的部门及其工作人员对不合格的建筑工程出具质量合格文件或者按合格工程验收的,由上级机关责令改正,对责任人员给予行政处分;构成犯罪的,依法追究刑事责任;造成损失的,由该部门承担相应的赔偿责任。

**第八十条** 在建筑物的合理使用寿命内,因建筑工程质量不合格受到损害的,有权向责任者要求赔偿。

## 第八章 附 则

**第八十一条** 本法关于施工许可、建筑施工企业资质审查和建筑工程发包、承包、禁止转包,以及建筑工程监理、建筑工程安全和质量管理的规定, 适用于其他专业建筑工程的建筑活动, 具体办法由国务院规定。

**第八十二条** 建设行政主管部门和其他有关部门在对建筑活动实施监督管理中, 除按照国务院有关规定收取费用外, 不得收取其他费用。

**第八十三条** 省、自治区、直辖市人民政府确定的小型房屋建筑工程的建筑活动,参照本法执行。

依法核定作为文物保护的纪念建筑物和古建筑等的修缮,依照文物保护的有关法律规定执行。

抢险救灾及其他临时性房屋建筑和农民自建低层住宅的建筑活动,不适用本法。

**第八十四条** 军用房屋建筑工程建筑活动的具体管理办法,由国务院、中央军事委员会依据本法制定。

**第八十五条** 本法自 1998 年 3 月 1 日起施行。

附录二：

# 中华人民共和国城市房地产管理法

（1994 年 7 月 5 日第八届全国人民代表大会常务委员会第八次会议通过　根据 2007 年 8 月 30 日第十届全国人民代表大会常务委员会第二十九次会议《关于修改〈中华人民共和国城市房地产管理法〉的决定》修正根据 2009 年 8 月 27 第十一届全国人民代表大会常务委员会第十次会议《全国人民代表大会常务委员会关于修改部分法律的决定》修正）

## 第一章　总　则

**第一条**　为了加强对城市房地产的管理，维护房地产市场秩序，保障房地产权利人的合法权益，促进房地产业的健康发展，制定本法。

**第二条**　在中华人民共和国城市规划区国有土地（以下简称国有土地）范围内取得房地产开发用地的土地使用权，从事房地产开发、房地产交易，实施房地产管理，应当遵守本法。

本法所称房屋，是指土地上的房屋等建筑物及构筑物。

本法所称房地产开发，是指在依据本法取得国有土地使用权的土地上进行基础设施、房屋建设的行为。

本法所称房地产交易,包括房地产转让、房地产抵押和房屋租赁。

**第三条** 国家依法实行国有土地有偿、有限期使用制度。但是,国家在本法规定的范围内划拨国有土地使用权的除外。

**第四条** 国家根据社会、经济发展水平,扶持发展居民住宅建设,逐步改善居民的居住条件。

**第五条** 房地产权利人应当遵守法律和行政法规,依法纳税。房地产权利人的合法权益受法律保护,任何单位和个人不得侵犯。

**第六条** 为了公共利益的需要,国家可以征收国有土地上单位和个人的房屋,并依法给予拆迁补偿,维护被征收人的合法权益;征收个人住宅的,还应当保障被征收人的居住条件。具体办法由国务院规定。

**第七条** 国务院建设行政主管部门、土地管理部门依照国务院规定的职权划分,各司其职,密切配合,管理全国房地产工作。

县级以上地方人民政府房产管理、土地管理部门的机构设置及其职权由省、自治区、直辖市人民政府确定。

## 第二章 房地产开发用地

### 第一节 土地使用权出让

**第八条** 土地使用权出让,是指国家将国有土地使用权(以下简称土地使用权)在一定年限内出让给土地使用者,由土地使用者向国家支付土地使用权出让金的行为。

**第九条** 城市规划区内的集体所有的土地,经依法征收转为国有土地后,该幅国有土地的使用权方可有偿出让。

第十条　土地使用权出让,必须符合土地利用总体规划、城市规划和年度建设用地计划。

第十一条　县级以上地方人民政府出让土地使用权用于房地产开发的,须根据省级以上人民政府下达的控制指标拟订年度出让土地使用权总面积方案,按照国务院规定,报国务院或者省级人民政府批准。

第十二条　土地使用权出让,由市、县人民政府有计划、有步骤地进行。出让的每幅地块、用途、年限和其他条件,由市、县人民政府土地管理部门会同城市规划、建设、房产管理部门共同拟订方案,按照国务院规定,报经有批准权的人民政府批准后,由市、县人民政府土地管理部门实施。

直辖市的县人民政府及其有关部门行使前款规定的权限,由直辖市人民政府规定。

第十三条　土地使用权出让,可以采取拍卖、招标或者双方协议的方式。

商业、旅游、娱乐和豪华住宅用地,有条件的,必须采取拍卖、招标方式;没有条件,不能采取拍卖、招标方式的,可以采取双方协议的方式。

采取双方协议方式出让土地使用权的出让金不得低于按国家规定所确定的最低价。

第十四条　土地使用权出让最高年限由国务院规定。

第十五条　土地使用权出让,应当签订书面出让合同。

土地使用权出让合同由市、县人民政府土地管理部门与土地使用者签订。

第十六条　土地使用者必须按照出让合同约定,支付土地使用权出让金;未按照出让合同约定支付土地使用权出让金的,土地管理部门有权解除合同,并可以请求违约赔偿。

第十七条 土地使用者按照出让合同约定支付土地使用权出让金的,市、县人民政府土地管理部门必须按照出让合同约定,提供出让的土地;未按照出让合同约定提供出让的土地的,土地使用者有权解除合同,由土地管理部门返还土地使用权出让金,土地使用者并可以请求违约赔偿。

第十八条 土地使用者需要改变土地使用权出让合同约定的土地用途的,必须取得出让方和市、县人民政府城市规划行政主管部门的同意,签订土地使用权出让合同变更协议或者重新签订土地使用权出让合同,相应调整土地使用权出让金。

第十九条 土地使用权出让金应当全部上缴财政,列入预算,用于城市基础设施建设和土地开发。土地使用权出让金上缴和使用的具体办法由国务院规定。

第二十条 国家对土地使用者依法取得的土地使用权,在出让合同约定的使用年限届满前不收回;在特殊情况下,根据社会公共利益的需要,可以依照法律程序提前收回,并根据土地使用者使用土地的实际年限和开发土地的实际情况给予相应的补偿。

第二十一条 土地使用权因土地灭失而终止。

第二十二条 土地使用权出让合同约定的使用年限届满,土地使用者需要继续使用土地的,应当至迟于届满前一年申请续期,除根据社会公共利益需要收回该幅土地的,应当予以批准。经批准准予续期的,应当重新签订土地使用权出让合同,依照规定支付土地使用权出让金。

土地使用权出让合同约定的使用年限届满,土地使用者未申请续期或者虽申请续期但依照前款规定未获批准的，土地使用权由国家无偿收回。

## 第二节　土地使用权划拨

**第二十三条**　土地使用权划拨,是指县级以上人民政府依法批准,在土地使用者缴纳补偿、安置等费用后将该幅土地交付其使用,或者将土地使用权无偿交付给土地使用者使用的行为。

依照本法规定以划拨方式取得土地使用权的,除法律、行政法规另有规定外,没有使用期限的限制。

**第二十四条**　下列建设用地的土地使用权,确属必需的,可以由县级以上人民政府依法批准划拨:

(一)国家机关用地和军事用地;

(二)城市基础设施用地和公益事业用地;

(三)国家重点扶持的能源、交通、水利等项目用地;

(四)法律、行政法规规定的其他用地。

## 第三章　房地产开发

**第二十五条**　房地产开发必须严格执行城市规划,按照经济效益、社会效益、环境效益相统一的原则,实行全面规划、合理布局、综合开发、配套建设。

**第二十六条**　以出让方式取得土地使用权进行房地产开发的,必须按照土地使用权出让合同约定的土地用途、动工开发期限开发土地。超过出让合同约定的动工开发日期满一年未动工开发的, 可以征收相当于土地使用权出让金百分之二十以下的土地闲置费；满二年未动工开发的，可以无偿收回土地使用权；但是，因不可抗力或者政府、政府有关部门的行为或者动工开发必需的前期工作造成动工开发迟延的除外。

第二十七条　房地产开发项目的设计、施工，必须符合国家的有关标准和规范。

房地产开发项目竣工，经验收合格后，方可交付使用。

第二十八条　依法取得的土地使用权，可以依照本法和有关法律、行政法规的规定，作价入股，合资、合作开发经营房地产。

第二十九条　国家采取税收等方面的优惠措施鼓励和扶持房地产开发企业开发建设居民住宅。

第三十条　房地产开发企业是以营利为目的，从事房地产开发和经营的企业。设立房地产开发企业，应当具备下列条件：

（一）有自己的名称和组织机构；

（二）有固定的经营场所；

（三）有符合国务院规定的注册资本；

（四）有足够的专业技术人员；

（五）法律、行政法规规定的其他条件。

设立房地产开发企业，应当向工商行政管理部门申请设立登记。工商行政管理部门对符合本法规定条件的，应当予以登记，发给营业执照；对不符合本法规定条件的，不予登记。

设立有限责任公司、股份有限公司，从事房地产开发经营的，还应当执行公司法的有关规定。

房地产开发企业在领取营业执照后的一个月内，应当到登记机关所在地的县级以上地方人民政府规定的部门备案。

**第三十一条** 房地产开发企业的注册资本与投资总额的比例应当符合国家有关规定。

房地产开发企业分期开发房地产的，分期投资额应当与项目规模相适应，并按照土地使用权出让合同的约定，按期投入资金，用于项目建设。

## 第四章　房地产交易

### 第一节　一般规定

**第三十二条** 房地产转让、抵押时，房屋的所有权和该房屋占用范围内的土地使用权同时转让、抵押。

**第三十三条** 基准地价、标定地价和各类房屋的重置价格应当定期确定并公布。具体办法由国务院规定。

**第三十四条** 国家实行房地产价格评估制度。

房地产价格评估，应当遵循公正、公平、公开的原则，按照国家规定的技术标准和评估程序，以基准地价、标定地价和各类房屋的重置价格为基础，参照当地的市场价格进行评估。

**第三十五条** 国家实行房地产成交价格申报制度。

房地产权利人转让房地产，应当向县级以上地方人民政府规定的部门如实申报成交价，不得瞒报或者作不实的申报。

**第三十六条** 房地产转让、抵押，当事人应当依照本法第五章的规定办理权属登记。

## 第二节　房地产转让

**第三十七条**　房地产转让,是指房地产权利人通过买卖、赠与或者其他合法方式将其房地产转移给他人的行为。

**第三十八条**　下列房地产,不得转让:

(一)以出让方式取得土地使用权的,不符合本法第三十九条规定的条件的;

(二)司法机关和行政机关依法裁定、决定查封或者以其他形式限制房地产权利的;

(三)依法收回土地使用权的;

(四)共有房地产,未经其他共有人书面同意的;

(五)权属有争议的;

(六)未依法登记领取权属证书的;

(七)法律、行政法规规定禁止转让的其他情形。

**第三十九条**　以出让方式取得土地使用权的,转让房地产时,应当符合下列条件:

(一)按照出让合同约定已经支付全部土地使用权出让金,并取得土地使用权证书;

(二)按照出让合同约定进行投资开发,属于房屋建设工程的,完成开发投资总额的百分之二十五以上,属于成片开发土地的,形成工业用地或者其他建设用地条件。

转让房地产时房屋已经建成的,还应当持有房屋所有权证书。

**第四十条**　以划拨方式取得土地使用权的,转让房地产时,应当按照国务院规定,报有批准权的人民政府审批。有批准权的人民政府准予转让的,应当由受让方办理土地使用权出让手续,并依照国家有关规定缴纳土地使用权出让金。

以划拨方式取得土地使用权的,转让房地产报批时,有批准权的人民政府按照国务院规定决定可以不办理土地使用权出让手续的,转让方应当按照国务院规定将转让房地产所获收益中的土地收益上缴国家或者作其他处理。

**第四十一条** 房地产转让,应当签订书面转让合同,合同中应当载明土地使用权取得的方式。

**第四十二条** 房地产转让时,土地使用权出让合同载明的权利、义务随之转移。

**第四十三条** 以出让方式取得土地使用权的,转让房地产后,其土地使用权的使用年限为原土地使用权出让合同约定的使用年限减去原土地使用者已经使用年限后的剩余年限。

**第四十四条** 以出让方式取得土地使用权的,转让房地产后,受让人改变原土地使用权出让合同约定的土地用途的,必须取得原出让方和市、县人民政府城市规划行政主管部门的同意,签订土地使用权出让合同变更协议或者重新签订土地使用权出让合同,相应调整土地使用权出让金。

**第四十五条** 商品房预售,应当符合下列条件:

(一)已交付全部土地使用权出让金,取得土地使用权证书;

(二)持有建设工程规划许可证;

(三)按提供预售的商品房计算,投入开发建设的资金达到工程建设总投资的百分之二十五以上,并已经确定施工进度和竣工交付日期;

(四)向县级以上人民政府房产管理部门办理预售登记,取得商品房预售许可证明。

商品房预售人应当按照国家有关规定将预售合同报县级以上人民政府房产管理部门和土地管理部门登记备案。

商品房预售所得款项,必须用于有关的工程建设。

**第四十六条** 商品房预售的,商品房预购人将购买的未竣工的预售商品房再行转让的问题,由国务院规定。

## 第三节 房地产抵押

**第四十七条** 房地产抵押,是指抵押人以其合法的房地产以不转移占有的方式向抵押权人提供债务履行担保的行为。债务人不履行债务时,抵押权人有权依法以抵押的房地产拍卖所得的价款优先受偿。

**第四十八条** 依法取得的房屋所有权连同该房屋占用范围内的土地使用权,可以设定抵押权。

以出让方式取得的土地使用权,可以设定抵押权。

**第四十九条** 房地产抵押,应当凭土地使用权证书、房屋所有权证书办理。

**第五十条** 房地产抵押,抵押人和抵押权人应当签订书面抵押合同。

**第五十一条** 设定房地产抵押权的土地使用权是以划拨方式取得的,依法拍卖该房地产后,应当从拍卖所得的价款中缴纳相当于应缴纳的土地使用权出让金的款额后,抵押权人方可优先受偿。

**第五十二条** 房地产抵押合同签订后,土地上新增的房屋不属于抵押财产。需要拍卖该抵押的房地产时,可以依法将土地上新增的房屋与抵押财产一同拍卖,但对拍卖新增房屋所得,抵押权人无权优先受偿。

## 第四节　房屋租赁

**第五十三条**　房屋租赁，是指房屋所有权人作为出租人将其房屋出租给承租人使用，由承租人向出租人支付租金的行为。

**第五十四条**　房屋租赁，出租人和承租人应当签订书面租赁合同，约定租赁期限、租赁用途、租赁价格、修缮责任等条款，以及双方的其他权利和义务，并向房产管理部门登记备案。

**第五十五条**　住宅用房的租赁，应当执行国家和房屋所在城市人民政府规定的租赁政策。租用房屋从事生产、经营活动的，由租赁双方协商议定租金和其他租赁条款。

**第五十六条**　以营利为目的，房屋所有权人将以划拨方式取得使用权的国有土地上建成的房屋出租的，应当将租金中所含土地收益上缴国家。具体办法由国务院规定。

## 第五节　中介服务机构

**第五十七条**　房地产中介服务机构包括房地产咨询机构、房地产价格评估机构、房地产经纪机构等。

**第五十八条**　房地产中介服务机构应当具备下列条件：

（一）有自己的名称和组织机构；

（二）有固定的服务场所；

（三）有必要的财产和经费；

（四）有足够数量的专业人员；

（五）法律、行政法规规定的其他条件。

设立房地产中介服务机构，应当向工商行政管理部门申请设立登记，领取营业执照后，方可开业。

**第五十九条** 国家实行房地产价格评估人员资格认证制度。

## 第五章　房地产权属登记管理

**第六十条** 国家实行土地使用权和房屋所有权登记发证制度。

**第六十一条** 以出让或者划拨方式取得土地使用权，应当向县级以上地方人民政府土地管理部门申请登记，经县级以上地方人民政府土地管理部门核实，由同级人民政府颁发土地使用权证书。

在依法取得的房地产开发用地上建成房屋的，应当凭土地使用权证书向县级以上地方人民政府房产管理部门申请登记，由县级以上地方人民政府房产管理部门核实并颁发房屋所有权证书。

房地产转让或者变更时，应当向县级以上地方人民政府房产管理部门申请房产变更登记，并凭变更后的房屋所有权证书向同级人民政府土地管理部门申请土地使用权变更登记，经同级人民政府土地管理部门核实，由同级人民政府更换或者更改土地使用权证书。

法律另有规定的，依照有关法律的规定办理。

**第六十二条** 房地产抵押时，应当向县级以上地方人民政府规定的部门办理抵押登记。

因处分抵押房地产而取得土地使用权和房屋所有权的，应当依照本章规定办理过户登记。

**第六十三条** 经省、自治区、直辖市人民政府确定，县级以上地方人民政府由一个部门统一负责房产管理和土地管理工作的，可以制作、颁发统一的房地产权证书,依照本法第六十一条的规定,将房屋的所有权和该房屋占用范围内的土地使用权的确认和变更,分别载入房地产权证书。

# 第六章　法律责任

**第六十四条**　违反本法第十一条、第十二条的规定,擅自批准出让或者擅自出让土地使用权用于房地产开发的,由上级机关或者所在单位给予有关责任人员行政处分。

**第六十五条**　违反本法第三十条的规定,未取得营业执照擅自从事房地产开发业务的,由县级以上人民政府工商行政管理部门责令停止房地产开发业务活动,没收违法所得,可以并处罚款。

**第六十六条**　违反本法第三十九条第一款的规定转让土地使用权的,由县级以上人民政府土地管理部门没收违法所得,可以并处罚款。

**第六十七条**　违反本法第四十条第一款的规定转让房地产的,由县级以上人民政府土地管理部门责令缴纳土地使用权出让金,没收违法所得,可以并处罚款。

**第六十八条**　违反本法第四十五条第一款的规定预售商品房的,由县级以上人民政府房产管理部门责令停止预售活动,没收违法所得,可以并处罚款。

**第六十九条**　违反本法第五十八条的规定,未取得营业执照擅自从事房地产中介服务业务的,由县级以上人民政府工商行政管理部门责令停止房地产中介服务业务活动,没收违法所得,可以并处罚款。

**第七十条**　没有法律、法规的依据,向房地产开发企业收费的,上级机关应当责令退回所收取的钱款;情节严重的,由上级机关或者所在单位给予直接责任人员行政处分。

**第七十一条** 房产管理部门、土地管理部门工作人员玩忽职守、滥用职权,构成犯罪的,依法追究刑事责任;不构成犯罪的,给予行政处分。

房产管理部门、土地管理部门工作人员利用职务上的便利,索取他人财物,或者非法收受他人财物为他人谋取利益,构成犯罪的,依照惩治贪污罪贿赂罪的补充规定追究刑事责任;不构成犯罪的,给予行政处分。

## 第七章　附　则

**第七十二条** 在城市规划区外的国有土地范围内取得房地产开发用地的土地使用权,从事房地产开发、交易活动以及实施房地产管理,参照本法执行。

**第七十三条** 本法自 1995 年 1 月 1 日起施行。